品牌革命

移动互联网时代的品牌制胜之道

刘润泽 ◎ 著

BRAND
REVOLUTION

当代世界出版社

图书在版编目（CIP）数据

品牌革命：移动互联网时代的品牌制胜之道 / 刘润泽著．
-- 北京：当代世界出版社，2015.9
ISBN 978-7-5090-1046-4

Ⅰ．①品… Ⅱ．①刘… Ⅲ．①品牌－企业管理－研究
—中国 Ⅳ．① F279.23

中国版本图书馆 CIP 数据核字 (2015) 第 175153 号

书　　名：	品牌革命：移动互联网时代的品牌制胜之道
出版发行：	当代世界出版社
地　　址：	北京市复兴路 4 号（100860）
网　　址：	http://www.worldpress.org.cn
编务电话：	（010）83908456
发行电话：	（010）83908409
	（010）83908455
	（010）83908377
	（010）83908423（邮购）
	（010）83908410（传真）
经　　销：	全国新华书店
印　　刷：	北京毅峰迅捷印刷有限公司
开　　本：	710 毫米 × 1000 毫米 1/16
印　　张：	16
字　　数：	215 千字
版　　次：	2015 年 10 月第 1 版
印　　次：	2015 年 10 月第 1 次
书　　号：	ISBN 978-7-5090-1046-4
定　　价：	42.00 元

如发现印装质量问题，请与承印厂联系调换。
版权所有，翻印必究，未经许可，不得转载！

前言

翻看时下各类报道,"互联网+"已成为炙手可热的词汇,很多企业认为在互联网与移动互联网的大环境下打造属于自己的品牌变得更加容易。

然而事实真如大家所预想的那样乐观吗?其实,互联网正在改进信息不对称的现状,让市场中浑水摸鱼的企业原形毕露。对于打造品牌而言早已不存在所谓的捷径,因此每一步的发展都必须经过精心的谋划。信息的快速流转,以及中国对于全面市场化进程的推进,使得品牌的打造回归到了本源。仔细翻阅发达国家的品牌成长史,几乎所有行业的利润率都相差无几,而真正能够基业长青的品牌终究回归到了产品的本质。

不过互联网时代却为拥有"初心"、敢于"创新"的创业者插上了翅膀,使其在风口之上获得飞速的成长,也让以弱胜强成为可能。

现代管理学之父彼得·德鲁克(Peter F. Drucker),曾经在自己的著作中写过这样一句话:"企业的目的就是创造顾客。"而在社交媒介飞速发展的移动互联时代,衡量品牌价值的两个核心要素在于:其一,品牌拥有多少忠实的客户;其二,品牌能够为客户创造的附加价值有多少。

移动互联网之所以受到广泛关注,不仅在于它能够容纳的信息量更大,而且还在于它极大地改变了人与信息之间的关系，使得整个社会的商业模式发生变化。

在移动互联时代，所有信息会传播得更快、更广，消费者面对商品时可资考虑的因素会更多。以零售为例，如今消费者不仅可以在淘宝、京东等电商平台购物，而且可以在收到货物之后对商品进行评价，并在微信、微博等社交平台进行分享，从而影响其他消费者的购物行为。所以，互联网时代是一个以用户为主导的时代，企业需要打造的是品质型、服务型的品牌，谁能够更成功地进行品牌的建设，谁便能成为该行业的佼佼者。

由于用户基数等方面的优势，中国移动互联网的环境已经处于世界领先水平，而移动互联网将会为企业的品牌建设提供更多有利的渠道和条件。品牌与用户之间的"互联"，将会成为中国企业腾飞的最强驱动力。

自二十世纪五六十年代至今，全球企业的品牌建设大体经历了三个阶段：最初的"单向模式"；二十世纪八九十年代的"双向模式"；以移动互联和移动社交为核心的"全景模式"。"全景模式"的特点主要表现在以下几个方面：

★互联网的到来，使得消费者与品牌的沟通渠道发生了变化，由传播时间相对固定的有限渠道（比如广播、电视），转变为传播时间更加灵活、传播信息更加精准的多渠道；

★社交媒体的兴起也使得消费者的品牌体验大不相同，消费者不仅能够更直接地与企业进行沟通，而且可以影响其他消费者对品牌的印象；

★快速更新的数字技术（如云计算、大数据等），使得企业与消费者的沟通更加灵活，使得品牌内涵的维度更加丰富。

从以上几个方面可以看出，移动互联时代品牌建设的环境大为改善。在这样的环境下，企业要培育出一个成功的品牌，除了要向消费者传输品牌信息外，还应该积极发挥消费者的主动性，让消费者参与到品牌内涵的丰富过程当中。另外，在这样的环境下，除了品牌建设的效果会大大增强外，品牌营销的成本也会降低，真正实现营销投入产出比例更合理的"精准管理"。

综合以上的分析，我对移动互联时代企业品牌建设的建议主要有4点：

1）移动互联网技术的发展，使得消费者能够获取的信息更多，企业在与消费者沟通时，不管通过何种方式，都应该积极建立品牌与消费者的"互联"，改善消费者的购物体验；

2）智能手机已经贯穿购物的整个过程，企业品牌的建设也应该围绕"无限扩展"的针对智能手机的渠道展开，进行全方位的整合营销；

3）移动互联时代，消费者的主导作用逐渐凸显，企业在打造品牌内涵时，应该吸引消费者共同参与；

4）数字化时代，企业应该在品牌建设的过程中尽可能发挥大数据等技术在品牌营销方面的价值。

在互联网浪潮的推动下，中国涌现出了一批拥有互联网思维的成功品牌，比如：凭借"粉丝经济"模式大获成功的小米手机；创立一年就利用微博和微信拥有10万粉丝的黄太吉煎饼；打造了极致用户体验的互联网坚果品牌三只松鼠……

在这本书里，我将全方位探索移动互联时代的品牌制胜之道，比如：

"单品神话"背后蕴含怎样的品牌战略与市场逻辑？

如何打造品牌的"超级影响力"，获得消费者认同？

怎样以消费者为中心，为顾客打造极致的服务体验？

粉丝经济时代，如何寻找让消费者兴奋的尖叫点？

大数据时代，传统营销模式应该做哪些变革与创新？

……

在移动互联时代，中国企业将获得全新的方式建设自己的品牌，而由此释放出的潜力，也将使得中国品牌更有跻身世界强林的可能。

目 录
CONTENTS

前言

第一章　品牌心法：颠覆性商业时代，以互联网思维发掘品牌成功的内在规律

互联网思维：消费者主权时代，以互联网思维重构品牌战略 / 002
简约思维：赋予品牌极简精神，给消费者提供简约的品牌体验 / 006
逆向思维：突破传统定势思维，以逆向思维引领品牌营销创新 / 010
第一VS唯一：不做第一做唯一，打造消费者心目中的唯一品牌 / 015
信任思维：建立品牌与消费者之间的情感共同体，提升品牌信任度 / 019
【商业案例】无印良品的极简思维："贩卖"朴实哲学和极简美学的禅意品牌 / 025

第二章　超级单品："单品神话"背后蕴含的品牌战略与市场逻辑

产品力铸就品牌力：品质让品牌基业长青 / 034
品类聚焦VS单品突破：以战略单品为核心的品牌经营战略（上）/ 042
品类聚焦VS单品突破：以战略单品为核心的品牌经营战略（中）/ 048

品类聚焦VS单品突破：以战略单品为核心的品牌经营战略（下）/ 056

超级单品背后的市场逻辑：成功打造超级单品的5个因素 / 060

【商业案例】优衣库的"减法战略"：利用有限的单品打造

"零售核心" / 068

第三章 超级定位：打造品牌的"超级影响力"，获得消费者心智认同

品牌定位：如何打造出消费者心目中的强势品牌？（上）/ 074

品牌定位：如何打造出消费者心目中的强势品牌？（下）/ 078

超级定位：如何迅速占据消费者心智、获得消费者认同？ / 083

差异化定位战略：明确品牌价值主张，建立持续竞争优势 / 088

品牌命名策略：好名字是品牌成功的一半，让品牌会说话 / 093

品牌个性VS广告创意：如何通过广告精准传递品牌价值？ / 100

让广告更"精准"：互联网时代，互动营销是品牌营销的主角 / 104

【商业案例】农夫山泉：百亿销售额背后的品牌定位与战略思考 / 108

第四章 超级符号：品牌就是符号，为强势品牌创造"超级符号"

视觉战略定位：读图时代你需要定制专属的超级符号 / 116

色彩定位：将战略思维导入品牌，让竞争对手束手无策 / 124

一个LOGO的诞生：如何设计出一个成功的品牌标识？ / 131

视觉营销：传统实体品牌如何吸引更多消费者的眼球？ / 135

【商业案例】可口可乐的视觉战略：一个战胜真空的红色"曲线"瓶 / 138

第五章　超级体验：以消费者为中心，为顾客打造极致的服务体验

体验定位：为消费者提供适当、明确、有价值的品牌体验 / 146
极致的服务体验："星巴克体验"背后的价值理念与营销策略 / 152
顾客全体验：移动互联时代，品牌与消费者之间的无缝对接 / 156
【商业案例】宜家的体验式营销策略：深度揭秘全球最大家居品牌的营销秘诀 / 162

第六章　设置尖叫点：粉丝经济时代，寻找让消费者兴奋的尖叫点

引爆尖叫点：用户核心+产品驱动+体验至上+口碑传播 / 168
令人尖叫的品牌故事：企业品牌为什么要学会"卖故事"？ / 172
耐克的创意经济学：如何打造出一款令人尖叫的创意广告？ / 180
参与感导入O2O：激发用户参与的欲望，提升品牌忠诚度 / 187
【商业案例】海底捞的O2O战略：如何利用微信实现日均订单100万？ / 192

第七章　赢在移动终端：移动互联时代，企业如何塑造与提升自己的品牌？

多品牌战略：移动互联时代的品牌命名与延伸策略 / 198
社交媒体时代，如何构建以品牌为中心的"强关系圈"？ / 201
微信营销：品牌商如何在6.5亿的市场中实现自我营销？ / 205
【商业案例】杜蕾斯、小米等品牌商如何玩转微信营销？ / 211

第八章　赢在大数据：大数据时代，传统营销模式的变革与创新

大数据营销：商业智能3.0时代，大数据引爆营销变革 / 218
精准化营销：基于大数据分析的精准化定位与市场细分 / 223
大数据VS品牌营销：如何从海量用户中挖掘商业价值？ / 227
【商业案例】Target、Zara、亚马逊、沃尔玛等零售品牌如何玩转"大数据"？ / 232

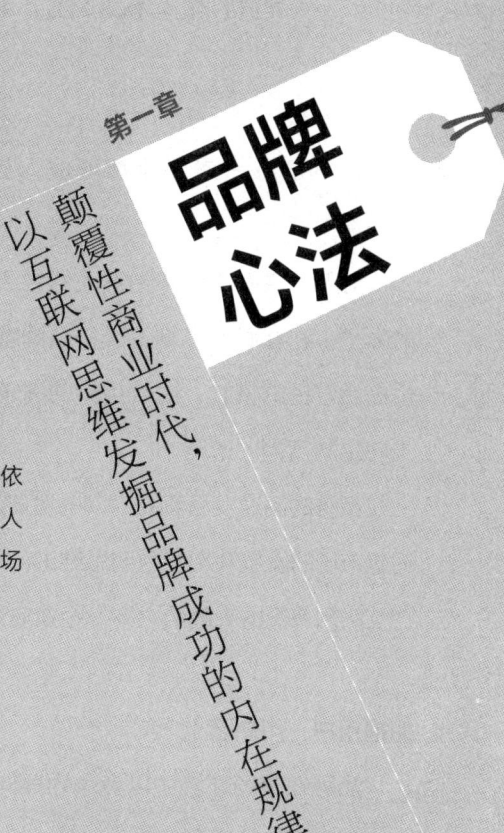

第一章 品牌心法

颠覆性商业时代，以互联网思维发掘品牌成功的内在规律

一个成长型品牌的崛起不能简简单单依赖于模块化的工具，最为核心的是品牌创始人对于市场与行业规律的掌控能力，以及对市场内在规律的运用能力。

互联网思维：
消费者主权时代，以互联网思维重构品牌战略

并不是每一家企业都能成为互联网企业，但每一家企业都要有互联网思维！

随着互联网逐渐渗透进人们生活的各个领域，在品牌管理中也有了互联网的影子。在互联网思维下进行品牌管理，是对品牌的再塑造，是突破原有的先生产后营销的模式，围绕用户的需求开展产品的研发、设计、生产工作，逐步走向定制营销的道路。

经济的高速发展和互联网的发展为传统企业带来巨大的冲击，如何在新时代适应市场的发展利用互联网思维进行品牌管理，成为企业发展的重要难题。那么，在互联网普及的大趋势之下，企业应该如何利用互联网思维进行品牌管理呢？

拥抱用户，用户至上

品牌在市场环境中以竞争为导向，而在与消费者接触的环节中一定是以消费者即用户为中心的。

在互联网和移动互联网飞速发展的时代，消费者开始逐渐掌握主动权，在这种背景之下只有拥抱用户才是企业进行品牌管理的救赎之路。虽然许多传统企业对外也一直宣称视用户为上帝，但是真正落到实处的却是少之又少。

在互联网营销中，消费者是握有主权的一方，这一点从淘宝就能看出来，淘宝卖家都知道只有讨好消费者，为他们提供周到的服务，才会得到好评，从而将这些好评变成价值资产。

对今天的品牌管理者来说，要在互联网思维下进行品牌管理，首先应该思考自己是否已经具备了用户至上的精神及相应的行动力。

用户就是上帝的理念虽然很早之前就已经出现，但是却并未像今天这样发挥到极致。在互联网时代，品牌管理者拥抱用户不仅需要具备用户至上的精神，更需要明确用户的需求，并满足他们的需求。在互联网时代，企业原本追求的品质和功能不再是进行品牌营销的最重要因素，重视用户需求反而是在品牌营销中抢占先机的重要条件。

随着人类文明和创造力的不断提升，物质产品的贫乏已经成为过去式，其种类日益丰富起来，在这种情况下，产品之间的功能比拼不再是品牌管理的重要武器，品牌或产品信息不对称的现象也逐渐减少。

而且随着消费主力的更迭，如今80后90后在追求产品的个性化方面显示出了更大的需求，他们不满足于产品的基本功能，而是追求精神和价值更高层面的契合，他们在消费时会更多地强调获得认同感，他们在消费行为上也容易相互影响。

极致用户体验

利用互联网思维进行品牌营销并不是要颠覆，而是要创新。或许互联网思维本身并不带颠覆基本商业逻辑的基因。

小米手机的营销案例一直被业内外人士奉为经典，吸引了大量企业进行学习和借鉴。小米手机在开始正式的网络销售之前，首先做了大量的准备工作：让用户提前体验小米手机，让专业的测试机构试用，然后鼓励手机发烧友将自己体验手机的感受在网上进行分享。小米手机后来在推出MIUI系统之后，仍然在不断征求客户的反馈意见，从而对产品进行有效地改善，提升用户的体验。

拿苹果手机来说，年仅三岁的孩子甚至不用刻意去学就能开锁，因为触摸是人的天性，而苹果手机中就有暗示手指触摸方向的图标，使得操作更加简单。

要将用户体验做到极致并不是一件容易的事，但是在越来越激烈的市场竞争中，如果没有将用户体验做到极致的决心和勇气，那么将很难避免走向灭亡。因此将用户体验向极致的方向发展，从内部开始变革，是企业必经的一个阶段。这可以紧紧围绕三个要点：一是要找准用户的需求；二是要将自己的能力发挥到极致；三是得产品经理得天下。

转变思维模式

世界上没有传统的企业，只有传统的思想。在互联网高速发展的时代，不管是用户至上、极致用户体验，还是粉丝经济，都是互联网思维对传统思维模式的一种创新和改造。因而在新时代进行品牌管理，首先应该转变思维模式。

在互联网的冲击下，许多传统企业为了顺应时代发展的潮流，纷纷将互联网或移动互联网嫁接进企业，但由来已久的传统思维模式使得它们即便有了官网和电商也没有摆脱原有的经营模式，仍然将降价促销、大打折扣作为营销的主要手段。这对于传统企业向互联网思维转型基本上是没有作用的，传统企业引以为傲的成功经验在新时代成了阻碍其发展的最大障碍。

利用互联网思维进行品牌管理，关键就是要自下而上地思考问题，对品牌进行再创造，转变以往先生产再定位的思维模式，围绕用户需求进行产品的研发、设计、生产。对传统企业来说，利用互联网、大数据和物联网等手段重构产业链，企业的生产、研发和营销、服务等环节都将发生颠覆性的改变。

不管是互联网思维下的品牌管理还是传统思维模式中的品牌管理，目标都是为了实现和提升品牌的知名度、美誉度和忠诚度。二者之间最大的不同就在于，在互联网经济中，品牌的知名度、美誉度和忠诚度是通过消费者的搜索量、重复购买率、好评率等来实现的，在这些因素的促使下，企业开始与时俱进地利用各种新媒体工具，于是也就催生了互联网思维品牌传播管理模式，为传统企业的品牌管理提供了有力的帮助。

微博、微信等各种新媒介的诞生和广泛使用，在不断刷新大众观念的同时，也让企业品牌营销体系迎来了创新发展期。在互联网思维逐渐普及的时代，靠拍脑袋来决定产品的经营模式必将被淘汰，取而代之的是以用户至上为核心理念的生产经营模式。

懂得与用户互动，提升用户投入感

在一些西餐厅喝咖啡时我们基本上不用排队，服务人员总是彬彬有礼地来到我们面前帮助我们点单，最后将我们点好的咖啡恭恭敬敬地送到桌前。然而我们会发现自己对于这样的咖啡店正在慢慢失去感觉，反而对星巴克情有独钟。在星巴克买咖啡往往要排很长时间的队，这里没有服务员为你送咖啡，你需要自己去取。如果需要加糖加奶呢？当然也是自己动手。

此外，让我们再来联想一下知名手机品牌的新品发售，你可能需要在专卖店门口排上几个通宵，或在深夜里痴痴地等待点击鼠标。而对于那些随时可以买到的手机品牌却不屑一顾。

我们不妨假设买的是功能一样、价格完全相同的两款手机，现在一个品牌马上就能够在专卖店买到；而另一个品牌需要提前 1 个月预定，而且在发售的当天需要在专卖店门口排队 3 个小时。你更喜欢哪个品牌的手机呢？是马上就可以得到的，还是需要预定的？答案已在你心中。

那么为什么同样功能与价格的手机，因购买过程的不同结果却有着天壤之别？差别在哪里呢？差别就是我们自己投入了时间与精力去获取想要得到的东西，可以简单地称之为"投入感"。

简约思维：
赋予品牌极简精神，给消费者提供简约的品牌体验

在"互联网+"时代，越简单的想法越容易成功，越简单的品牌越容易被消费者接受，学会一个产品只解决一个问题显得更为重要。

这是一个信息爆炸的时代，人们获取信息的途径越来越多元，拿手机来说，几乎所有的手机里都充斥着五花八门的App：有的关于社交，有的能看各种新闻，有的用来购物、听歌、看视频、玩游戏……

每个种类的App都恨不得有成千上万个，而最终能够被用户留下来的只有那么几个。与被抛弃的同类产品相比，这些被留下来的App有一些共同的特点：简单、有用、页面友好、体验有趣、众人推荐等等，尤其第一条更是重中之重。

随着信息超载的情况越来越严重，人们变得越来越没有耐心去学习复杂的步骤，在这样的环境下，简约得到青睐，每年的"全球品牌简化指数报告"中都强调："简约意味着金钱"。品牌简化为排名前十的品牌赚取了两倍于同类产品的利润，高达75%的消费者愿意为简约的品牌体验支付更多的金钱并向他人推荐。

简约并不意味着减少或者空白。实际上，品牌想要在前台呈现出简约的形象，往往意味着企业需要在后台做更多的努力，尤其在移动互联时代，新科技、新传播媒介的发展和变革大幅度降低了信息传播门槛，话语权被广泛分散，信息变得更加繁杂，在这样的背景下，品牌需要化繁为简才能脱颖而出。

比如一个引发联想的关键词，一则引人入胜的故事，一种强烈的感受等等，

只要是清晰、直接、一致有效，能够瞬间聚焦人们纷杂的意识，都可以拿来做品牌推广。依靠创始人的励志故事而迅速崛起的褚橙就是一个极好的例证：通过简单却鼓舞人心的故事，让几倍于普通橙子售价的褚橙一直供不应求。

Google

　　Google 秉承的简约风格为自己赢得了大量的用户，在历年全球品牌简化指数报告中，Google 的名字一直位列前茅，可以说 Google 从骨子里就流淌着清晰、直观、简洁的因子。Google 的页面上没有一个多余的按键，每一项功能都事先经过了严格测试和评估。甚至在每页搜索结果的显示数量上，Google 也坚决贯彻简约风格，每页只显示 10 个搜索结果，而不是一味迎合用户越多越好的想法，而且这种设计并没有显得不近人情或者单调，Google 经常对标识做出各种别出心裁的设计，为这份简约平添了很多乐趣。简化通常意味着品牌要在满足用户需求的同时缩小服务范围，也就是说，成功的简化要求精益求精，这可以说是简约战略面临的最大难题之一，Google 的成功之道也在于此。

Google 中文版首页截图

顺丰

作为中国快递行业的领头羊，顺丰也以提供简约服务而著称。尽管它收取的快递费几乎两倍于同类公司，用户仍然愿意为之买单，简约的价值可见一斑。对于顺丰而言，简约的服务可以归结于两个字，即快、准。

在视觉形象方面，顺丰利用醒目的品牌标识传递出简约之感，通过黑红两个主色在各个接触点的统一使用，给受众留下深刻的视觉印象，而简约的背后，则是全国最先进的物流系统，从顾客拨通400电话、快递员手持专用的巴枪扫描货物信息，到库房的自动分拣、卫星定位等物流运输的每一个环节都受到数据中心的严密监控，以确保货物输送的速度。

顺丰醒目的品牌LOGO

2013年7月到8月期间，顺丰在深圳、东莞等城市内测试无人机配送服务，这一服务一旦正式投入运营，将能进一步提高顺丰的物流效率。正是因为技术、网络、数据、流程的支撑，顺丰才能使消费者真正享受到与其他快递不同的简约体验，从而赢取更多的用户。

在如今纷乱繁复的信息时代，企业要如何传递品牌信息才能给消费者留下深刻的印象，从而得到更大的商业成功？具体而言，可以参考以下几条建议：

1）领导者必须承担领导的角色

作为企业的掌舵者，领导者的角色至关重要，既能够将具体的工作与简约的企业战略相结合，又能够切实促进跨渠道、跨部门的协同合作，因此，企业要想实现简约，就必须得到企业高层的积极指导、参与和支持，这样才能把"怎么说"落实到"怎么做",确保消费者的每一个前台体验都有坚实的后台支撑。

2）勇敢说"不"

外界的干扰无处不在,品牌能否坚持自己的理念,对与之相悖的干扰勇敢地说"不",也关系着品牌传播的成功与否。

如何向消费者传递品牌信息？

由于消费者很少关注品牌认为重要的事情,所以品牌在勇敢说"不"的同时,一定要对消费者的关注说"是",二者并不矛盾,并且都是品牌传播的重点。要知道,成功的品牌是一段旅程,而不是最终的目的地,在打造简约的品牌的旅程中,企业必须以消费者的需求为核心,时刻关注消费者的真实需求,将简约注入每一个接触点。

3）以事实为依据

企业要打造简约的品牌,必须以事实为依据,用客观的数据和事实说话。企业可以通过细致的调研弄清楚消费者看重的品牌属性是设计、性价比等功能属性,还是安全感、快乐、舒适等情感属性,以调研数据为基础,制定相应的品牌策略。

除此之外,企业还可以将简化工作的效果通过量化的方式直观呈现出来,事前事后都借助真实的数据进行评估,从而明确目标,衡量成果。

4）加易减难

品牌要真正实现简约,其实有不小的难度。首先,企业必须时刻替消费者珍惜时间,随时想消费者之所想,急消费者之所急,有策略地设计与之匹配的品牌体验,力求用简约创造出充满情感的品牌体验。

5）跨越看似遥远的鸿沟

改变需要极大的勇气,因为改变有风险,需要相应的付出,而且即便做了改变也不一定能够收到预期的成效，但是一旦转变成功，品牌得到的收获必然远远多过付出，而一成不变的话，品牌就会逐渐落后。

企业追求品牌的简约，这一改变需要勇气支撑，但是当改变取得成功，简约真正成了企业的立命之本，那时，简约就不再是利益所在，而企业通过简约品牌向消费者传递的品牌信心才是真正的益处。越是复杂的环境，人们对简约的渴望就越是强烈，只要抓住了这种渴望，企业就容易取得成功。

逆向思维：
突破传统定势思维，以逆向思维引领品牌营销创新

与大多数人做出相反的决策：如果所有人都认为前方是正确的方向，那么试着让自己思考一下相反方向的可行性。

一切从一场酒吧的博弈开始：

假设一个小镇上总共有100人喜欢酒吧，每个周末均要去酒吧活动。这个小镇上只有一间酒吧，能容纳60人。并不是说超过60人就禁止入内，而是因为设计接待人数为60人。60人时的顾客服务会最好，气氛最融洽，最能让人感到舒适。第一次，100人中的大多数去了这间酒吧，导致酒吧爆满，他们没有享受到应有的乐趣，多数人抱怨还不如不去。于是第二次，人们根据上一次的经验认为人多得受不了，决定不去了。结果呢？因为多数人决定不去，所以这次去的人很少，他们享受了一次高品质的服务。没去的人知道后又后悔了：这次应该去啊。

问题是：小镇上的人应该如何做出去还是不去的选择呢？

镇民的选择有如下前提条件的限制：每一个参与者面临的信息只是以前去酒吧的人数。因此只能根据以前的历史数据归纳出此次行动的策略，没有其他的信息可以参考，他们之前也没有信息交流。

在这个博弈过程中，每个参与者都面临着一个同样的困惑，即如果多数人预测去酒吧的人数超过60，而决定不去，那么酒吧的人数反而会很少，这时候做出的预测就错了。反过来，如果多数人预测去的人数少于60，因而去了酒吧，那么去的人会很多，超过60，此时他们的预测也错了。也就是说，一个人要做出正确的预测，必须知道其他人如何做出预测。但是问题在于每个人的预测所依据的信息是一样的，即过去的历史，而并不知道别人当下做出的预测。

这就是著名的"酒吧博弈"。"酒吧博弈"的核心思想在于：如果我们在博弈中能够知晓他人的选择，然后做出与大多数人相反的选择，我们就能在博弈中取胜。在互联网时代，品牌的运作与"多人博弈"的核心思想相通，就是能够进行反向的思考，拥有与众不同的行事风格。

从0到1的创新是很好的选择，但在营销过程中，最关键的问题是如何说服客户买你的产品和服务，以及如何对自己的客户群进行精准定位。如果始终围绕这两个理念，那么营销不管怎么做都不会出现较大的偏差，但也很难有新意，制造引爆点。如果要进行创新，首先要做好承担风险的准备，风险越大，将来有可能获得的收益也将会越高。

著名的市场营销专家亚当·摩根（Adam Morgan）曾经说过，有时候品牌需要制造出一些"怪物"，然后促使潜在的客户团结起来，共同与怪物进行抗争，拯救人类。这种方式在刚开始是很有成效的，但是现如今这种方式对消费者来说已经司空见惯了，他们很容易将企业的这些伎俩识破。

因此，在这种情况下，凭空制造"假想敌"的方式就必须转变了，不妨直接去反对一些根深蒂固的行为或者固步自封的态度，当然你也可以用反对和抨击新行为、新态度的方式来维护传统。

不管你要怎么做，选对合理的表达方式是关键，既可以选择比较庄重严肃的表达方式，也可以用一种幽默风趣的手法来表现。宜家家居曾经设计过一个反对人们成为"灰老鼠"的广告，这里的"灰老鼠"是指那些在选择面前胆小、保守、逃避的群体，通过这样的方式来向公众表达自己品牌的文化价值观。

那么，对品牌来说，到底应该怎样制造引爆点来吸引消费者的眼球呢？接下来不妨看看美国的两家服装公司是怎样利用逆向思维制造引爆点，吸引公众眼球的，或许能给品牌管理者们一些启发：

"别买我"
Patagonia 鼓励消费者拒绝过度消费

Patagonia（巴塔哥尼亚）是美国的一个户外品牌，号称是户外界的 Gucci。该品牌在产品的设计、工艺、功能以及企业责任方面都积累了比较好的口碑，而且 Patagonia 非常注重产品的质量，不追求产品的销量，让顾客在消费之前三思而行成为品牌的一种象征，也正是因为这样，Patagonia 受到了越来越多消费者的青睐。

在美国的黑色星期五这一天，其他的品牌都在抓紧时机大搞各种促销活动，而 Patagonia 却反其道而行之，推出了"反黑色星期五"的营销活动，倡导消费者去维修自己的旧物而不是重新购买新产品。Patagonia 因其打出的不要购买这件外套的广告而再次被推上舆论的顶峰。

这个营销策略虽然表面上看是为顾客着想，劝顾客不要买新产品，

Patagonia 的广告图片

但是实际上为企业带来了巨大的成功，不仅增加了品牌的曝光率，也为品牌在消费群中赢得了良好的口碑。而且随着文明水平的不断提升，低碳环保的观念被越来越多的人接受和认可，Patagonia 所倡导的品牌理念也逐渐被越来越多的人欣赏和肯定。

"拒绝过度消费"同样是 Patagonia 所倡导和追求的一个品牌理念，这使其成为快时尚品牌 H&M 和 Forever21 有力的竞争对手。

Patagonia（巴塔哥尼亚）所倡导的品牌理念为其在公众心中树立了良好的品牌形象，同时也为品牌吸引了更多忠实的粉丝。他们认可和欣赏 Patagonia 的理念，在生活中也一直坚持这样的观念和生活方式。从 Patagonia 的角度来看，Patagonia 的产品都是持久耐用的，这不仅是为了环保，节约资源，更是从消费者的角度出发，让他们少花冤枉钱，他们希望消费者在消费的过程中能更加理性，不要买自己不需要的东西。

现在年轻一代的消费群体追求的是快时尚，穿这类品牌意味着用比较低的价格就能享受到时尚，但这些衣服一般穿一季就会被淘汰，从环保的角度来看，是对资源的浪费，是不值得提倡的。所幸人们的环保意识不断提升，同时对产品的质量也有越来越高的要求。

随着经济的高速增长，品牌的扩张速度也在不断加快，品牌已经不能再单纯依靠价格或者质量在市场上制胜了。与其在残酷的竞争中打得你死我活，不如独善其身，积蓄力量，专注于消费者最需要的东西，这样不仅不会浪费资源，反而可以让品牌提升一个档次，成为众多品牌中的佼佼者。

维多利亚的秘密，放弃性感女星的代言

维多利亚的秘密是美国一个家喻户晓的内衣品牌，在美国的内衣市场占有 35% 的份额，在零售行业拥有比较高的地位。曾经有几个比较知名的内衣品牌，比如 American Eagle、Adore Me 等试图抢占维多利亚的秘密的市场份额，但最后都没有成功。维多利亚的秘密在美国市场上已经建立了比较牢固的地位。

该企业善于利用线上的数据为线下销售提供支持，它会对自己的产品做详细的调查，如果发现某种产品在一个渠道卖得很好，那么就会将这种产品放在其他渠道上。除了善用大数据外，维多利亚的秘密在俘获人心方面也有值得其他品牌借鉴的地方。

对大多数内衣品牌来说，它们在选择代言人或者模特的时候通常会选择性感女星，而维多利亚的秘密却大胆地放弃了性感女星。最初维多利亚的秘密的广告团队选择的代言模特是性感十足的 Kate Upton，然而在其代言期间，产品的销量却没有得到提升。原因是代言模特太过性感，让许多女性消费者隐约产生了对比性压迫感。

于是广告团队在经过了细致的市场调研之后，启用了女星 Angel Alessandra Ambrosio，她不仅是一位妻子，更是一位温柔贤惠的母亲，她的形象特质使品牌更贴近消费者，在广大女性消费者心中树立了良好的形象。维多利亚的秘密在性感和亲和之间成功地找到了平衡，让品牌的名字深入到每一个梦想成为维多利亚的秘密一样的女孩心中。

不管是什么样的品牌，在选择代言人的时候，都倾向于选择最优质的人选。而维多利亚的秘密却弃用性感女星，这让众人大跌眼镜，但结果证明它的选择是正确的。对消费者来说，高高在上的品牌形象容易使其产生距离感，不利于

品牌影响力的提升。而具有亲和力，并且代表贤良淑德的妻子和母亲形象的女星，则拉近了品牌与一般消费者之间的距离，让这个品牌更加深入人心。

进行逆向思维的营销，最关键的就是要有敢于承担风险的勇气，只有敢于突破、敢于创新，未来才有可能独领风骚。

第一VS唯一：
不做第一做唯一，打造消费者心目中的唯一品牌

在激烈的市场竞争中，如果企业无法成为行业第一，还可以从新颖独特的角度下工夫来吸引消费者，力争做到品牌唯一，那么同样有机会成为商场上的大赢家。

实际上品牌的关键功能就是表现产品的独特性，唯一性是品牌建设的根本，也是品牌竞争的核心，因为在任何一个行业的任何一个细分市场只能存在一个第一，而企业就是要凭借唯一性来赢得市场。在品牌林立的时代，企业应当结合自身优势，从产品和品牌的独特性入手，以市场形势和消费者需求为前提，全力塑造品牌的唯一性，争取在激烈的市场竞争中出奇制胜。

不做第一，做唯一

恋爱中的人经常会问"你最爱的人是我吗？"，然而只有对比才会有"最"的概念，说到"最"就必然存在第一第二的较量，在这个问题上，具有博弈思维的人必然会问自己的恋人"你是不是只爱我？"。对于品牌营销的问题，品牌营销大师里斯在《品牌之源》一书中说："品牌营销的终极目标就是要占据消费者的全部心智，成为消费者心中的唯一。"

21世纪，只有品牌塑造成功的企业才能在激烈的市场竞争中赢得一席之地，品牌竞争已然成为市场竞争的新焦点，创建市场唯一品牌则是众多企业在品牌竞争中追求的最高境界。

企业应当把品牌建设看作营销工作的基石，如果仅仅把品牌看作是一个名称，那就忽视了品牌的丰富内涵以及核心价值。美国营销协会认为"品牌是一种名称、标识、符号、专业用语或形象设计，或是这些元素的整合运用，品牌的作用在于帮助人们识别某个厂商或某群销售商所提供的产品和服务，方便人们与竞争厂商提供的产品和服务加以区分"。

企业应当从品牌的内涵和外延两个方面来理解品牌，内涵体现了产品的核心使用价值，外延则体现了企业的产品在市场上的卖点，品牌的外延可以是其核心使用价值的延续，也可以是与使用价值不相关的全新价值。

从市场角度讲，外延就是企业所提供的产品和服务的独特之处，体现了品牌的唯一性。事实上企业的独特之处就是通过品牌的唯一性表现出来的，企业的成败取决于品牌是否成功，而品牌的成功则在于打造不同于竞争对手的唯一性。唯一性是品牌的内在核心，也是企业参与市场竞争的核心竞争优势，是决定企业和品牌能否发展壮大的关键要素。消费者是否接受一个品牌，从根本上说取决于品牌的唯一性与消费者的个性是否相符合。

消费者在看到一个品牌时首先想到的便是这一品牌的独特性，进而通过这一独特性将其与市场中其他品牌区别开来。

一个具有唯一性的品牌首先要具有较强的识别性，在市场中能够展现出鲜明的品牌形象，进而给消费者留下深刻的好印象；其次，它能够在市场中找到自己的准确位置，确定正确的市场定位，从而快速精准地覆盖目标消费群；再次，它能够清晰明确地向目标消费人群传达产品的优越属性和突出的利益点，传递品牌价值，进而赢得目标消费者的信任和支持。

唯一性在品牌发展的过程中发挥着关键性的作用，所以，企业一定要立足长远，科学地评判自身的能力和优势，如果无法把品牌发展成行业内的第一品牌，就应专注地把自己打造成市场中的唯一，瞄准特定的目标消费群体，打造特定的品牌，占据特定的市场。

构建品牌唯一性

对于任何企业来讲，塑造品牌唯一性都不是一件通过短期努力就能成功的事情，一个品牌从被消费者认知到认同到赞美再到建立品牌忠诚，需要经历一个长期的、循序渐进的过程。

如今市场中产品的同质化越来越严重，在这样的形势下构建品牌唯一性便成为企业赢得市场的不二法门。企业要想从行业共性中寻找个性，关键在于打造出产品的亮点，要发展出企业对市场和消费者提供特殊价值的能力。

品牌所要强调的就是这种价值，企业应当根据自身实际、产品或者服务的需求变化趋势、市场成熟等因素，从多个价值维度求新求变，本着"人无我有，人有我优，人优我特"的原则来打造产品的亮点，通过亮点聚集消费者的注意力，展现品牌的个性，赋予品牌更丰富的内涵和更广阔的外延，选择适合企业发展需求的品牌建设方法。

1）形成全面深入的市场认知

一个企业要想在市场中发展出自己的特色，塑造自身品牌的唯一性，就需要对市场进行分析和研究，尤其要对竞争品牌有一个清晰的认识，做到知己知彼。在此基础上，企业需要根据自己的产品属性和品牌特点，为自己找到准确的市场位置，确立一个企业专属的市场区域，构筑竞争区隔，开拓出属于自己的市

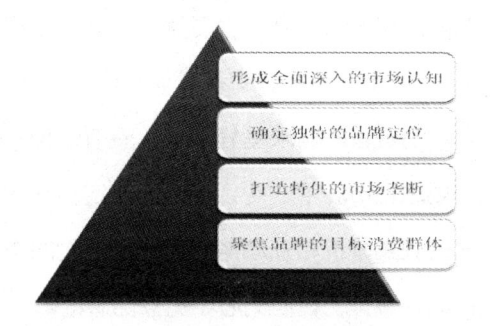

构建品牌唯一性的策略

场领地。

2）确定独特的品牌定位

在塑造品牌唯一性的过程中要给自己的企业、产品、品牌形象确定一个独特的定位，要与竞争对手形成鲜明的差异。

企业要通过这种独特的定位来体现企业的独特价值，并需要持续地强化这种独特定位，将自己发展成行业的指向标，成为行业的一面旗帜，如茅台一直以其卓越品质和文化内涵来彰显品牌的唯一性，被人们称为国酒，在高端市场有比较高的占有率。品牌应该构筑强大的竞争区隔，通过独特的定位体现品牌价值，塑造品牌的唯一性，例如水井坊酒定位为"中国第五大发明"，是我国现今发现古代酿酒作坊和酒肆的绝无仅有的实例，通过"前店后坊"的布局，表现了历史的悠久。企业应该根据产品特色，结合消费者的个性需求，进行精准的产品定位，例如王老吉的定位就是"怕上火"的人群，它用凉茶"下火"的特性表现产品的独特定位，以独具特色的产品树立品牌唯一的市场形象，展现品牌的独有价值。

3）打造特供的市场垄断

在市场中开辟出专属的市场范围，以特供策略构筑特殊的竞争壁垒，形成竞争区隔。企业可以通过特殊渠道供应特殊的产品、发展定制性业务或者提供专业的服务等；还可以通过发展良好的客户关系、终端买断、签订专供协议等策略实现渠道独享，提高竞争壁垒，提升企业的竞争力，占据唯一市场份额。

4）聚焦品牌的目标消费群体

消费者的需求差异很大，没有哪种产品能够满足所有人的需求，所以，企业要想在市场中成功，就需要确定品牌的目标消费群体，并通过对目标消费群体的调查分析和互动沟通，了解他们的个性化需求，进而向他们提供个性化的产品和服务，在他们心中树立品牌的唯一形象。

在产品同质化严重的行业中，难以形成明显的品牌形象差异，而消费者需求个性化的趋势却日益显著。企业要想在这样的市场环境中锁定消费者，就必须不断地把自己的品牌发展壮大，力争成为行业第一品牌。

然而行业第一永远都只能有一个，所以，当企业由于实力所限无法成为行业第一的时候，就应当开辟新路，瞄准特定目标消费群体的特定需求，把自己打造成他们心目中的唯一品牌，避开竞争红海，让品牌在专属的蓝海中发展壮大。

信任思维：
建立品牌与消费者之间的情感共同体，提升品牌信任度

在建立并保持品牌与客户关系的过程中，帮助客户建立对品牌的信任感是最重要也是最有效的方法，然而在现实操作中，许多营销者似乎都忘记了这一点，倒向了以宣传为中心的营销战术，他们一心只想创造更大的需求，从而销售更多的产品，由此来获取更多的报酬。

但对于很多消费者而言，销售并不是一种容易被信任的行为，虽然大家都很喜欢买东西，但是没有人愿意在交易过程中受到欺骗，所以消费者越来越倾向于购买自己信任的品牌的产品。

然而，在品牌与消费者刚刚建立关系的时候，消费者是很难对品牌产生信任感的，企业需要长期不断的努力才能获得相应的信任。有的消费者很容易对品牌产生信任，但是这份信任非常脆弱，经不起任何波折，只要受到一点儿欺骗，就会立刻将品牌划入不可靠的行列。无论面对哪种消费者，企业都必须努力使之建立起对品牌的信任感。

消费者在与品牌建立关系之前，首先会对品牌进行仔细的、全方位的衡量，尤其是品牌的行为，这些行为是可信任的还是不可信任的直接决定了消费者对

待品牌的态度，一旦双方之间建立起了信任感，之后通常会形成一种感情"投资"行为。这种行为是在情感联系的基础上确立的，而不是单纯基于产品的功能或特征，这表明双方拥有相同的价值观。

使消费者成功建立信任感的品牌，必然都会了解其真正关心的是什么，并以此为基础努力满足其需求。

消费者对品牌信任感的细分

满足感：打造品牌忠诚度的第一法门

满足感是企业打造品牌忠诚度的第一法门，如果某个品牌的产品在使用过程中不能让消费者产生最基本的满足感，那么这个品牌就很难让消费者进行重复消费，所以打造满足感是品牌的首要任务。

消费者满足感打造过程中的原则

要想使消费者对品牌产生满足感，必需从消费者的利益入手，将不同需求层次的消费者的感受与产品的不同特征进行对接，比如通过产品的基本特征赢得消费者的认可、通过产品的功能特征争取消费者的满意、通过产品的愉悦特征获取消费者的喜爱。其中后两种特征对满足感的影响更大，尤其是在市场上同类产品众多，替代品泛滥的今天。

在打造消费者满足感的过程中，企业必须遵循以下原则：

1）不同，而非更好

消费者的需求越来越偏向于个性化，追求与众不同的消费体验，而不是更好的体验。在消费者的心中，天然存在着一种"重视第一，轻视第二，鄙视第三"的阶梯思维，也就是说，如果你的产品是同品类的开创者，就会引起消费者的重视；如果你的产品是另一个产品的跟随者，就会引发消费者本能的轻视；对于在此之后的产品，消费者就会鄙视，不屑一顾。

因此，品牌要坚持第一原则，争取做某个品类的开创者，这样会比较容易让消费者产生满足感。

2）顺从，而非改变

消费者对体验是否满意主要取决于自己的生活环境和生活习惯，所以品牌需要顺从消费者的认知、习惯和信仰，而不要试图去改变他们，因为这些一旦形成，很难改变。比如方便面，消费者已经习惯了泡着吃或者煮着吃，所以干着吃的干脆面市场份额在逐年缩小。

3）简单，而非复杂

人们通常不愿意整理太多的信息，喜欢简单不喜欢复杂，所以品牌需要简明扼要，尽量将一种简单而突出的姿态展现在消费者面前。相较而言，简单的概念更容易进入消费者内心，事实上，这一方面做得好的品牌不胜枚举。

归属感：品牌忠诚度的真正起点

归属感是消费者对一个品牌产生忠诚度的真正起点，是消费者与品牌之间的某种情感联系。如果消费者对一个品牌产生了某种程度的归属感，则说明消费者已经开始真正在意这个品牌。有了这种情感上的在意，消费者在将来有相关产品的购买需求时，就会首先考虑这个品牌的产品。

消费者归属感的打造

在营销过程中，企业可以从附加利益、互动沟通和配套服务三方面入手，打造消费者对品牌的归属感。

1）附加利益

附加利益是指消费者在购买产品时额外得到的价值，比如免费赠送的礼品。通常情况下，附加利益往往能够带给消费者一定的实惠，是用于打造归属感的常用手段，比如会员制。但是，这种方法也有需要注意的地方，最好事前不要给予消费者预期，这样消费者在得到附加利益时更加惊喜；要让消费者感觉这种实惠来之不易。

2）互动沟通

互动沟通就是品牌和消费者进行有效的互动，在互动的过程中形成双向的信息交流，从而让消费者产生一定程度的参与感。世界著名的玩具制造商乐高公司每年都会举办一次针对 9~14 岁孩子的国际比赛项目，这就是互动沟通的典型案例。通过这一赛事，乐高公司成功激发了孩子们的参与欲望，形成了良好的双向沟通。与附加利益相比，互动沟通追求的是情感上的认同。

3）配套服务

配套服务是消费者在购买产品时，由品牌提供的与产品配套的服务，这种服务能够让消费者产生一定程度的亲切感，这种亲切感也有助于消费者对品牌产生归属感。除了有利于归属感的产生，配套服务还是营销工作的重要一环，很多品牌发展到一定程度，就需要做好相应的配套服务，否则品牌营销就不完整，更不可能赢得消费者的归属感。

身份感：与消费者的心灵站在一起

身份是指人的出身和社会地位，不同身份的消费者对自己身份的看法也完全不同，尤其是具有一定购买力的消费者，这种感受更为突出，所以

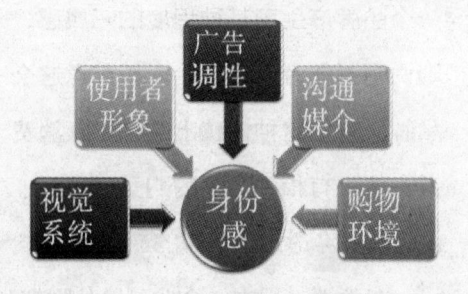

消费者身份感的打造

品牌必须尊重消费者的身份感，只有满足了这个条件，品牌才可能获得消费者的承诺消费。

通常情况下，身份感往往意味着高价格，然而身份感并不仅仅反映在价格方面，还需要靠很多其他的要素来支撑。具体而言，身份感可以细分为性别、性格、爱好、价值观和社会角色五个方面，相应的，品牌需要从视觉系统、使用者形象、广告调性、沟通媒介和购物环境这五个营销要素努力来打造消费者的身份感。

性别、性格、爱好、价值观和社会角色，这一顺序其实是从先天到后天的排序，位置越靠前则先天性特征越突出，位置越靠后则后天性特征越明显，也就越敏感，所以，品牌在打造消费者的身份感时，一定要迎合消费者对自我身份感的定位和归类，灵活运用各种各样的营销活动，努力使品牌成为消费者生活中不可分割的部分。

几乎所有的体育用品品牌都喜欢将奋斗精神融入自己的口号中，比如阿迪达斯的"没有不可能"、李宁的"一切皆有可能"、锐步的"发现你的潜力"、安踏的"永不止步"、361度的"勇敢做自己"等，这都是品牌迎合消费者身份感的典型案例，因为这些品牌的目标消费者大都是热爱运动的年轻人，他们往往都非常注重自己的健康，并且具有强烈的奋斗精神，渴望成功、渴望做英雄、渴望被人关注。

自豪感：召唤消费者的品牌信仰

自豪感是消费者获得价值体验高峰的象征，然而生活中极少有品牌能够让消费者产生自豪感，这也是造成强势品牌稀缺的主要原因。

一般情况下，消费者对品牌产生自

消费者自豪感的打造

豪感有三个前提，分别是品牌的特殊荣誉或实力、某种情感的深度联系、品牌价值的社会舆论。要打造消费者对品牌的自豪感，必须满足这三个前提，相应的，品牌可以通过事件营销、公关活动、口碑传播和品牌背书四种途径，来打造消费者的自豪感。

1）事件营销

打造消费者自豪感的最好办法就是让消费者对品牌肃然起敬，也就是说，品牌如果能够打动消费者，给他们带来一种震撼心灵的惊喜，就更容易获得消费者的自豪感。比如农夫山泉在2001年发起的捐一分钱活动、蒙牛在2003年对"神舟五号"航天飞船的赞助、李宁在2008年进行的奥运营销等，都给消费者带来了一定程度的震撼和惊喜，从而赢得了他们的追捧。

2）公关活动

公关活动的目的在于赢得消费者的感动，这对于消费者自豪感的打造有着更长远的意义。要感动消费者，品牌的做法可能有很多，但是最重要的前提是诚实，所有的公关活动都必须在诚实的基础上进行。拿海尔来说，从"砸冰箱"事件到给农民送去"能洗土豆的洗衣机"，从特意开发的"孕妇冰柜"到"一枚金牌，一所希望小学"，无不体现了这一点。

3）口碑传播

口碑传播一旦成功，无论对于消费者自豪感的打造还是对销售的促进都会产生极大作用，但是口碑传播要想取得成功，要满足的条件也最为苛刻，至少要做到以下三条原则中的一条：

话题要非同寻常，最好是有关消费者切身利益的；

话题要有趣、好玩，容易让消费者在面对亲朋好友时提起；

话题要引发消费者的好奇和兴趣，比如带有一定的神秘色彩，甚至涉及某种程度的禁忌。

4）品牌背书

消费者对品牌的信任也来自于品牌背后的强大支撑要素。

专业机构背书：具有公信力的专业机构出具的认证报告；

知名人物背书：名人为企业代言，比如褚橙、柳桃、潘苹果，用具有公信力的名人效应引发消费者对于品牌的认可；

品牌文化背景背书：品牌的创立时间、历史背景、产地背景是品牌有力的文化背书，深厚的文化内涵能够将消费者深深吸引；

品牌形象背书：良好的品牌形象能够提升消费者对于品牌的信任。

就打造自豪感而言，最重要的并不是这些原则应该如何应用，而是要努力将品牌的成功之道或者思想文化灌输给消费者，让消费者从心里认可它们。比如《可口可乐营销革命》《惠普之道》和《星巴克的感性营销》等，这些书籍不仅为品牌带来了更好、更广泛的口碑效应，同时还成功地塑造了消费者对品牌的信仰。

【商业案例】无印良品的极简思维：
"贩卖"朴实哲学和极简美学的禅意品牌

无印良品（MUJI）是日本的一个杂货品牌，本意是没有品牌标志的好产品。无印良品主要经营日常用品，产品品类包括铅笔、笔记本、食品、基本的厨房用具等，产品始终追求简洁、环保、纯朴和以人为本的理念，致力于为消费者提供自然、质朴的生活方式。

艾·里斯（Walter Rees）曾经说过：毁灭一个品牌最容易的办法就是将这个品牌名字应用在所有的事物上。而到了无印良品这里却得到了完全相反的效果。无印良品所倡导的"无"容纳了世间包罗万象的内容，其中蕴含的哲理值得人们深思。因此，无印良品不仅是一个品牌，它更是一种生活方式和人生哲学。

无印良品 Logo

无印良品自2008年进驻中国市场之后，就凭借其低调、简约的特点受到了广大消费者的追捧，并开启了高速扩张的发展之路。之所以说无印良品低调、简约，是因为它倡导的是一种简单、质朴的生活理念，产品设计上注重简洁和环保，在包装和产品设计上没有任何的品牌标识。

虽然无印良品以其低调、简约的个性在消费市场上声名鹊起，但不可否认的是这个品牌拥有着极其丰富的内涵，这种在"禅"的理念之下的简约之美是其他品牌所不具有的魅力，与乔治·阿玛尼、Lee等世界知名品牌相比，无印良品的品牌价值要远高于它们。

"M"型社会的宠儿

20世纪90年代，全球的经济开始走向低谷，日本也遭遇了严重的经济危机，"M"型社会逐渐形成。在经济不景气的情况下，消费者都希望能用更实惠的价格买到高品质的商品。于是一批底价的品牌开始崛起，而木内正夫创办的"无印良品"就是其中之一。

木内正夫考虑到英文名字在当时已经非常普遍，而且不容易显出品牌的特征，于是采用了"无印良品"这个名字，为了实现产品的差异化定位，无印良品还采用了"便宜有理"的创意。

无印良品是靠经营物美价廉的日用品起家的,但后来凭借良好的设计理念、素材的选择、简约的包装、形象宣传等超脱了商品品牌的概念,成为日本新的生活方式的代名词,也成为品牌发展的最高境界。由此,无印良品也被印上了日本最具"禅的美学"的品牌标签,成为"M"型社会的宠儿。

佛教禅宗传入日本得到了迅速发展,在西方,禅文化同样受到了众多知识界人士的广泛欢迎,并将其作为人生中的哲学,甚至有西方学者认为禅悟代表了东方人对于精神自由的理解。

无印良品作为一个以"禅"为核心理念的品牌,凭借其拥有的深厚的社会文化背景,在日本和一些西方发达国家广为流传,受到了大批消费者的热爱和钟情。

无牌胜有牌

在当今社会,人们的生活被贴上了各种各样的品牌标签,在品牌之下隐藏的基于虚荣心理的消费价值观常常使人们的真实感受被淹没,而无印良品则倡导将人们生活圈中的一切标签都撕掉。除去商标、繁琐的加工和包装之后,产品回归到了最简单的素材和功能本身,不仅给人一种返璞归真的生活体验,同时也提醒人们要抛开一切外在条件去欣赏原始素材的美感,此外也可以让人们抛开外在的约束,达到最靠近内心、更接近自然的状态,正如禅悟所讲求的真我境界。

一般情况下,消费者在无印良品的商品上不会找到任何品牌标记,即使在衣领后面也没有商标,只贴着一张透明的胶带纸标明尺码,消费者在试衣时就可以撕去。对习惯了追求品牌生活的消费者来说,这种做法确实令他们耳目一新。

与此同时,无印良品还凭借其倡导的无品牌的理念实现了品牌的差异化:

在无品牌的理念之下,世界也开始被重新定义,被划分成两极,一极代表所有的品牌,而另一极则代表无印良品。无印良品本来追求的低调、简约,恰恰推动其成为世界上有名的无品牌,真正达到了"无牌胜有牌"的效果。

品牌无限延伸

被誉为定位理论之父的艾·里斯(Walter Rees)说过,品牌就像一根橡皮筋,多拉伸发展出一个品种,它就会多一份疲弱。

然而橡皮筋理论到了无印良品这里却变成了弹性无限大,无印良品从刚开始的几十种商品已经发展到今天的几千种,涵盖的领域小到日用品,大到汽车等产品,而且其商品种类还在继续增加。从全球范围来看,能够像无印良品这样拥有数千种商品的品牌可以说是寥寥无几。

虽然与其他品牌相比,无印良品有些"叛逆",但是其取得今天这样的成就,并没有脱离品牌发展的规律。研究表明,品牌延伸的成功与否与产品属性、服务、技术以及市场的关联度、品牌知名度、品牌联想等有着密切的关系。

1)品牌联想

有的品牌之所以不能像无印良品那样进行产品的延伸是因为其产品品类的细分程度比较高,功能性比较强,品牌联想比较集中。而无印良品突破了行业和品类的限制,可以让消费者一提到无印良品就联想到所有优质的产品,在此基础上品牌进行延伸也就更容易了,消费者的接受程度也会比较高。

品牌延伸成功的4大要素

2)产品的品质

无印良品之所以能够进行成功的产品延伸与其产品的高品质也有密切的关

系。无印良品通过严格的质量控制系统，为消费者提供了高品质的产品，让消费者很放心，而当无印良品推出新的商品时，就比较容易得到消费者的信任。虽然品牌延伸让无印良品在众多品牌中独树一帜，但是一旦无印良品的管理水平达不到要求，或者任何一个品类、环节中出现问题，就会对整个品牌带来极大的负面影响，可谓是牵一发而动全身。

3）品牌的知名度和消费者对品牌的忠诚度

无印良品在日本积累的高知名度和消费者对品牌的高忠诚度，再加上其自有的销售渠道，也是其在开展品牌延伸时拥有的先天优势。

化繁为简，采用"四位一体"的产品开发模式

在产品设计上，无印良品也采用了别具一格的设计方式，一方面追求"无设计的设计"，倡导在最合适的素材和做工的基础上达成"素"又不失意趣的产品设计；另一方面又不单纯追求低价，而是将精湛的加工技术和细致的设计融入产品之中，找到合适的性价比。

无印良品倡导的是一种天然、简约、质朴的生活方式，通过无印良品，人们可以发现在简单的商品中不仅包含着产品的质感和美感，同时也可以满足人们追求简单生活的心理需求。

为了不断推出能满足消费者更个性化需求的产品，无印良品采用了"四位一体"的产品开发模式。

1）集思广益，让消费者参与到产品的设计中来

无印良品"四位一体"的产品开发模式

为了能开发出更多兼具创意和实用性的产品，从2001年开始，无印良品开始利用互联网与消费者进行沟通和互动，鼓励消费者参与到产品的设计中来，发挥聪明才智共同开发优质的产品。

企划人员会根据产品特性确定一个主题，然后设计出几种方案，将方案公布在无印良品网站的社群中，鼓励网友参与投票选出他们心中最中意的方案。之后相关的负责人会对得票最高的方案画出相应的设计蓝图，并做出样品，样品做出之后还会在网上进行满意度调查，根据网友提出的意见对产品进一步修正，最终确定好产品的规格，在确定了产品的价格之后无印良品就开始接受订单了。如果收到的订单数达到了最小生产量，公司就会将方案商品化，使其正式进入生产环节。

通过这种方式，无印良品开发出很多深受消费者喜爱的产品，其中最具代表性的就是有名的"懒骨头沙发"，一上市就掀起了一股抢购热潮，收获了10亿日元的好成绩。

2）注重生活细节

无印良品在产品设计上力争将产品做到极致，为此常常派设计人员登门拜访消费者，通过观察他们的日常生活细节，从中寻找设计灵感。

有一次，无印良品的设计师发现，很多戴眼镜的人在睡前的动作是摘掉眼镜，关上床头灯，第二天早上醒来的第一个动作是用手摸索眼镜，于是根据这一细节，研发出了底座往中间凹陷的床头灯。人们可以在睡前将眼镜放在灯杆上，第二天醒来的时候方便寻找，后来产品问世后果然获得了不错的反响。无印良品在产品的设计过程中始终遵循一个原则：要符合生活的需要，满足人们的实际需求。

3）开发设计师资源，提升品牌品位

曾经有段时间，无印良品的服饰销售进入了低迷期，取而代之的是其他款式更多、价格更实惠的品牌，比如优衣库。无印良品的消费群体大都是20~24岁的年轻人，以大学生为主，而他们在毕业之后，大部分人会转向其他品牌。为了能留住这部分消费群体，提高消费者的年龄段，无印良品大力开发设计师资源，不断强化产品的设计力，在留住顾客的同时，也提升了服饰产品的吸引力。

4）放眼全球，集百家之长

为了能让产品更具特色，无印良品还经常从世界各地的日用品中寻找设计元素和设计灵感，然后再根据本地的实际需求对产品进行改造，将产品提升到更高的档次。

无印良品对世界各地带有浓郁地域特色的元素加以利用，并将其融入产品之中，体现了它独有的智慧。因此，在无印良品的商品标签上看到"埃及棉"、"印度棉手织"等标注也就不足为奇了。通过在产品中融入各地有特色的元素，可以让消费者在品牌联想中想到产品的生产过程和相关的地域文化，从而对产品产生更浓厚的兴趣，提升购买欲望。

追求简单质朴，减少库存积压

进入服装行业的企业通常都有比较高的研发能力，因为每年的服饰产品大约有七成需要更新，产品的周转速度比较快。无印良品将服装产品按照对季节变化的灵敏度分成了三类：

★一类是季节性的商品，销售期大约为60天；

★一类是平季商品，销售期为90天；

★一类则是年度商品，销售期为半年或者一年。

在盛夏和寒冬这两个季节，服装的销售时间短，如果缺乏合理的商品规划很有可能造成亏损。

为了尽可能地减少库存，无印良品在产品的生产过程中对设计、原材料、价格等都做了相关规定。比如在设计过程中要严守无花纹、格纹、条纹等设计原则；在颜色上只能采用黑白相间、褐色、蓝色等，不管流行色在当年有多畅销，也坚决不能采用。事实上越是流行的东西就越容易过时，无印良品始终谨记这一规律，在设计风格上追求简单、质朴，致力于为消费者提供天然、简约的生活体验。

用产品促销产品

无印良品在进行宣传推广时从不请代言人,它认为优良的产品就是品牌最有力的代言人。无印良品一贯追求低调、内敛,比起砸重金做宣传,它更愿意将精力和金钱放在寻找让生活更便利的方法上。

无印良品没有开展过任何促销活动,它用时尚、简约的产品设计吸引着广大消费者的关注,用产品促销产品,用消费者的口碑进行品牌传播,这要比一般广告所起到的宣传效果好得多。

第二章

超级单品

「单品神话」背后蕴含的品牌战略与市场逻辑

超级单品：每个成功的品牌背后都有一个对应的核心单品，我们可将它称之为"超级单品"，在"互联网+"时代，"超级单品"成为品牌流量来源的关键要素。

产品力铸就品牌力：
品质让品牌基业长青

当"产品开发"在各大企业如火如荼地开展时，人们视那些只重开发而忽略品牌营销和品牌策划的企业为"鼠目寸光"；而在今天，当人们大张旗鼓地宣扬品牌的威力时，那些仅仅致力于品牌营销和策划而忽视产品开发的企业，同样被嗤之以鼻。

2015年，在中国游客赴日旅游一如既往火爆的情况下，另一件事也引起了媒体和普通百姓的热议，即国人对日本产品的推崇。

从化妆品、营养品，到电饭锅、马桶盖，几乎日本生产的所有商品都受到了国人的推崇，而此种现象在引起我们警醒的同时，也让我们不得不反思：同种商品，为何中国制造与日本制造的差距如此之大？

日本是一个对细节极其严苛的国家，而引领日本产品走向世界领先水平的主要原因也是其追求卓越的匠人精神。与之相反，为数不少的中国企业的心态却极其功利和浮躁。比如，2015年"互联网+"一词大热之后，很多中国企业不仅将应该承袭的精神抛之脑后，反而借互联网思维投机取巧。但也并非所有的企业都如此，将互联网思维发挥到极致的小米科技的掌门人雷军就提出了"专注、极致、口碑、快"的七字口诀，而此口诀与日本的匠人精神不谋而合。

其中"专注"的代表非日本家族企业"金刚组"莫属。"金刚组"成立于公元578年，是全球最古老的企业之一，主要致力于寺庙的建设和维修。

之所以"专注"，是为了达到"极致"。日本知名的电器制造商三菱电器，在研发一款电饭锅时，不惜花费大量人力、物力和财本邀请3000人测试大米的最佳口感，并对烹制过程进行深入研究，才选定了内胆材料。尽管这款电饭锅上市后的价格比同类产品高得多，但其能够烹制出的上佳口感仍然让消费者趋之若鹜。

而能够"专注"于某一领域，并做到"极致"的企业，自然能够拥有良好的口碑。

日本的"匠人精神"从明治维新时期就备受推崇，并引领着日本一步步迈入世界强国之列。在日本，"匠人"的分布是极其广泛的，不仅具有悠久历史的老牌企业由"匠人"效力，很多家庭的铺子也是"匠人"多年经营的成果。

山本洋一

虽然长崎蛋糕是一个非常日式的名字，但实际上其源自荷兰。四百多年前，荷兰的贵族喜欢互相赠送甜品作为礼物。15世纪，这种甜品传到了日本长崎，自此成为日本的一道知名甜点。

在众多制作长崎蛋糕的糕点店中，有一家名为"琴海堂"的店名气最盛。这家店的主人名叫山本洋一，其制作长崎蛋糕的时间已经长达六十多年。虽然长崎蛋糕的制作只需要麦芽糖、面粉、鸡蛋和白砂糖四种原料，但对制作工艺的要求却极高。为了制作出口感更好的蛋糕，数十年来山本洋一都坚持使用最新鲜的原料。而同样是使用这四种原材料，为何山本洋一制作出的长崎蛋糕更好吃呢？主要的原因就是"匠人精神"。山本洋一举例说，工作的时间不同，电压也会发生变化，电压的变化会直接影响蛋糕烤制时间的长短，多年的经验已经使他凭感觉就能判断蛋糕的烤制情况，从而制作出美味如一的蛋糕。

永田富浩

味增是日本最受欢迎的调味料，熊本县的"山内本店"是一家拥有二百六十多年历史的味增和酱油工房。由于当地水土资源丰富，生产各类农作物，因此酿制出的味增味道尤其鲜美。

永田富浩就是这家店的技术顾问，他制作味增和酱油的时间已经长达六十多年。虽然刚刚接触味增时，永田富浩对其一无所知，但通过不断地尝试和不懈努力，所有的问题都迎刃而解了。经过多次试错和改良，"山内本店"制作出了发酵力强、便于长期保存的优质酵母，但永田富浩并没有就此止步，他发现制成的酵母会继续发酵，所以当顾客品尝的时候，味增的味道便已经不是最佳了，于是他又想方设法改良。

就是因为专注和追求极致的"匠人精神"，山内本店的味增越来越受欢迎，而永田富浩也成为日本唯一获得"现代名工"荣誉的味增和酱油匠人。

栗盛俊二

"栗久"是秋田县大馆市的一家传统老店，已经拥有二百多年的历史，栗盛俊二是"栗久"的第六代传人。

栗盛俊二的父亲是一个非常执着和坚持不懈的人，曾经为了制作出适合出口的产品，不惧辛苦无数次试验，最终做出了符合出口国使用条件的产品。

在父亲的熏陶下，栗盛俊二不仅继承了家族精益求精的优良传统，而且顺应时代的发展融入了很多创意。在日本，栗盛俊二出品的器皿极受青睐。

就像小米品牌一样，如果没有良好的性价比作保障，实现"饥饿营销"也只能是空中楼阁；再如iPhone的品牌打造，如果没有众所周知的高性能为前提，又怎么能在乔布斯的手中玩转成全球科技的弄潮儿？

在如今的科技圈里，一款新的产品出世，背后有数不清的眼睛紧紧盯着，更有许多眼光锐利的企业家翘首以盼。在媒体多元化发展的现在，科技圈里的动态很容易渗透到圈里圈外的各个角落，其中关于产品质量的信息尤其受关注。在直销与微商的销售过程中，品牌更加关注产品质量，因为由产品质量带来的口碑宣传，关系到企业在市场中能否发展下去和呈怎样的态势发展。

产品力
- 产品质量
- 产品定位
- 产品创新
- 产品营销创新

产品力驱动销售业绩增长的4大关键

产品质量：打造企业基业长青的重要筹码

工业化发展到现在，越来越多的企业开始重视产品的质量。产品质量被看作是企业品牌的根本，没有产品质量作保障，企业的经营将寸步难行。尤其是在直销业，产品的质量直接关乎企业的生存。

葆婴公司是重视产品质量的典范。葆婴专为母婴群体提供营养保健系列产品，它以高品质的产品、专业的服务和"关爱母婴、关爱生命"为经营理念，一直在母婴行业处于领先地位。

在多年的发展历程中，葆婴要求将产品的质量安全作为生产的原则，并贯穿于生产和经营的整个过程中。它不断强化服务意识、增强安全保障，使每一个产品从原材料开始就要接受严密的筛选和检验，直到成品达到国家的检测标准。这使得产品质量在企业理念和企业文化中的地位十分巩固，备受消费者的信赖。

另一个企业是康婷公司，它也非常重视产品的质量。公司要对产品的原料产地进行考察，然后将各方面的考察结果进行核实，在半成品阶段要对各项指标进行层层检测，检验过程环环相扣，从而确保消费者购买的产品具有高质量的保证，每一瓶、每一粒都安全可靠。

企业生产的产品有质量保证，消费者才会放心购买。对消费者来说，这不仅可以让消费者形成一定的品牌忠诚度，而且还会形成口碑效应，帮助企业将品牌推向更广阔的市场。从经销商的角度看，如果产品质量好，他们就会有更大的信心来占领市场，在广阔的市场上大展身手。

产品定位：聚焦小而美，专一，极致

并不是所有高品质的单品都有机会成为超级单品，所以前期对于产品的定位尤为关键。如果要用一个词语形容定位的规律，应该没有比"小而美"更恰当的了。在产品定位中，企业要认真思考两大因素：

★规避已经存在垄断或双寡头的业务。在品牌的运作过程中"选择"大于"努力"，如果一个细分行业中已经存在绝对的垄断品牌，或者第一第二品牌已经被完全占位，就要重新进行选择。

★聚焦消费者没有清晰品牌印象的产品类别，找到自己的"小而美"。

对产品定位我们一般这样理解：产品定位，就是在产品设计之初或在产品市场推广的过程中，通过广告宣传或其他营销手段，使得本产品在消费者心中确立一个具体的形象的过程，简而言之就是给消费者选择产品时制造一个决策捷径。

一个好的企业会将赋予每一款产品应有的意义，使之在消费者心中占据独有的位置。产品的定位影响着企业品牌的定位。

一提起康宝莱或者嘉康利，人们马上会想：它们的产品一定关乎保健品或营养品。事实上，它们确实是致力于保健品的公司，主打减肥产品。

在半个多世纪前的 1948 年，世界卫生组织就正式将"肥胖"列入疾病的范围。目前，中国有逾三亿人属于超重和肥胖人群，全世界有逾十亿人属于肥胖人群，经相关机构预测，在接下来的几年里肥胖人数只增不减。

肥胖问题是一个全球性的公共卫生问题，它不仅影响人们的视觉感受，而且会在生活中给人们带来各种困扰和不便，更严重的是，肥胖会引发多种并发疾病。例如高血压、血脂异常、冠心病、睡眠呼吸暂停综合征等等，还有许多疾病，例如骨关节痛、胆囊疾病、Ⅱ型糖尿病、肿瘤（如子宫内膜癌、乳腺癌和结直肠癌）、不孕不育等，也有可能是以肥胖为诱因的。

针对这个全球性的重要问题，康宝莱和嘉康利看到了商机。嘉康利通过美国科学家和嘉康利营养学家共同实验和研制，采用专利配方，生产出了纤奇营养代餐系列产品；康宝莱则为其体重管理系列的产品补充了多种口味，实现了减肥中的人们不同对美食的需求。它们将各自的产品进行相应定位，用优质的产品去满足人们的需求，并形成了各自的特色，使得它们的品牌为人们所熟知。

长期以来，嘉康利一直赞助《超级减肥王》瘦身真人秀大型节目，备受关注。它以这种方式，打造了品牌影响力，很好地向人们展现了嘉康利减肥产品的"功力"。类似的，康宝莱也投资了深圳卫视的《年代秀》《辣妈学院》等电视节目，并且举办减重挑战赛，在呼吁人们重视体重管理、关注健康的同时，使其品牌深入人心。

产品的定位要足够专业，同时具有专一性，这就要求企业必须根据消费者的需求进行有针对性的定位，而且只有做得精致，才能深入人心，才能在消费者心中留下深刻的印象，从而形成核心竞争力。

产品创新：响应时代召唤

品牌创新是个永恒的话题。时代发展之迅速让人措手不及，时代进步带来的挑战更是让企业感受到巨大的冲击力。如果企业提供的产品不能响应时代的召唤，不能跟上时代的脚步，那么就很容易在进步的浪潮中被抛弃。企业只有具有创造力，才能在激烈的竞争中博得一席之地。

如今的市场不断呈现出新的需求，即使是传统企业，在新需求的刺激下也需要在产品的宽度和深度上进行不同程度的创新。新的需求会为企业带来潜在的更辽阔的市场，如果能够很好地迎合消费者的需要，进而采取相应的营销战略，就不必像之前那样通过促销、狂打广告等方式来吸引消费者。

现在很多企业都在自主研发新产品，然而开发新产品需要有合理的产业结构，并且形成自己的核心竞争力，通过核心竞争力来吸引更多的消费者，这是持续盈利的保障。

产品营销创新：移动互联网下的多方位服务

两会火了"互联网+"这个新词，"互联网+"是创新2.0下的互联网发展新形态、新业态，是知识社会推动下的互联网形态演进。现在，移动互联已经创造了很多神话，许多企业高瞻远瞩，纷纷在产品营销方式中加入互联网元素。

现在很多直销企业煞费苦心地想与互联网扯上关系，在直销模式的基础上发展电子商务，事实证明这个想法对企业的发展还是很有效的。现在我国的直企与电子商务结合的情况主要有以下几种：

★在已经取得成功的电子商务大平台上，设立店铺并且主要用于推广直销产品。像隆力奇，它借助各大电子商务平台，为网购消费者提供网上服务，使得其销售量飞速增长，2013年隆力奇护手霜的销售量在国内同类产品中拔得头筹。

★直销企业在网上自行搭建平台，开辟网上商城。例如比较成功的三生公司的"有享网"平台、绿之韵的"天城网"和康美之恋的云平台等等，从中可以看出自己搭建网上平台也是对新型营销的很好尝试。

★组建网上团队，大力发展网商。现在很多直销企业都实现了营销的网络化、信息化和战略化，这展现了它们敏锐的商业嗅觉。

科技在进步，时代在发展，市场在变化，消费者的行为习惯在改变，现在的营销方式也在不知不觉地转变着。有数据表明，在微信公众平台上开展营销的直销企业不下25家，商家借助微信平台发布企业信息、产品资讯和产销动态等等，在移动互联的帮助下，企业与消费者之间的距离大大缩短。消费者可以很方便地了解企业资料和产品信息，而且能够与企业客服进行实时沟通，这使得直销企业大大优化了与客户沟通的效果，提高了效率。

此外，有的企业在产品的研发和推广过程中，增添了用户参与环节。

匠人精神是国内打造品牌时的短板，长期以来企业工作的重心都放在了销售环节，产品更多时候是以外采与整合的形式得来的。在利润倍增的过程中，我们看到的是品牌的短寿。

2014年5月，三生企业曾开展名为"三生派＋锅具升级版,等你投票决定样貌"的活动，三生将产品的升级过程交由消费者自己做决定，这不仅能吸引消费者参加活动，而且可以使他们在这一过程中对产品有更多了解，并对产品的发布充满期待。上海交大的周宏明教授认为，小米手机备受欢迎有一个重要因素，即大量粉丝曾经参与小米的研发，这使米粉们在小米出世时被参与研发的自豪感包围，因此消费行为更为积极。

那么，产品力究竟是什么？对仍在探索道路上的直销企业来说，产品本身就是企业的导向，产品的品质就像是企业这棵"大树"的"根"，产品品质越高，根蔓延的范围就越广，而产品的吸引力就是根对营养物质的汲取能力。

总之，产品力才是驱动销售业绩增长的最强力。企业要想万古长青，就要提供对消费者更具吸引力的产品，满足消费者的需求，提高产品的品质，提供更好的服务。

品类聚焦 VS 单品突破：
以战略单品为核心的品牌经营战略（上）

当提到某一个品牌的时候，消费者首先想到的是这个品牌中的某一个战略单品，比如一提到康师傅，想到的是红烧牛肉面，提到王老吉，则会想到红色罐装的王老吉；提到洋河，就会想到蓝色经典……而这些超级单品的销售额均超过了30亿。

一个品牌能在市场上打下一片天地，离不开一个战略单品在市场上发挥的作用，通常情况下，一个经典的战略单品就代表了一个品牌的形象。因此从这一点上来说战略单品就相当于品牌，而中国市场也已经进入了一个靠战略单品打天下的时代。如果一个品牌没有一个过硬的战略单品，那么只会走在行业的后面，最终成为整个领域的祭品。

品牌的形象列举

因此，以战略单品为核心进行品牌经营是企业在经过了品类创新之后，可以采用的最好的市场运作方式。

这里所讲的战略单品并不是指企业只销售一个单品，而是集中优势资源和力量推销一个主导产品，并保证这个主导产品可以大获成功，从而带动整个品牌的营销，提升品牌的形象。

之所以选择一个战略单品作为经营的核心，就是希望能利用单品打开市场，在打开市场之后，再不断丰富产品的种类，调整产品结构，从而巩固品牌在市场上的地位，扩大品牌在市场上的影响。

企业从依靠战略单品突破市场，到不断丰富产品类目扩大市场，再到依靠单品在市场上取得胜利，大致经历了以下过程：

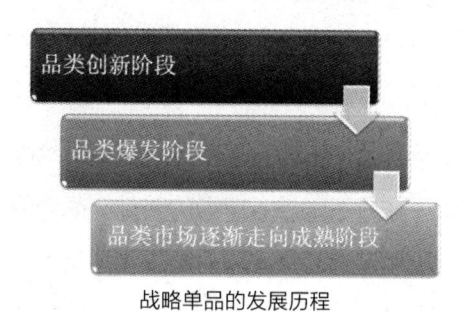

品类创新阶段

品类爆发阶段

品类市场逐渐走向成熟阶段

战略单品的发展历程

★品类创新阶段，集中优势资源全力打造战略单品，将战略单品作为武器打开市场；

★品类爆发阶段，围绕战略单品，做成战略大单品，同时以战略单品为核心不断丰富产品类目，构建规模化的产品结构体系；

★品类市场逐渐走向成熟阶段，在做大战略单品之后，企业还要不断对其进行创新和升级，从而延长品牌的寿命，增强消费者对品牌的忠诚度。

因此，讲究战略单品的突破，并不是只销售一款产品，而是主推一款产品，将主推的这款产品当作打开市场的先锋，在撕开市场的缺口之后，企业的产品线就会全面进入市场。

战略单品，单一才有力量

战略单品是指利用一个主导的产品带动企业的产品群，鉴于此有人就想，如果靠着多种产品共同突击市场，岂不是更有力量？人们之所以会产生这样的想法，主要有以下几方面的考虑：

★这种全面撒网、多品共进的方式可以让企业在市场上找到更精准的定位；

★消费者的需求日益多样化和个性化，如果只有单一的产品，很难满足所有人的需求，而多种产品则可以尽量满足不同需求的人群；

★与单一产品相比，多产品在抢占货架方面会有更多优势。

事实上，如果产品品类比较多，就容易分散企业的资源，一旦资源被分散，那么产品就失去了坚强的后盾，想要凸显品牌优势就更难了。可以从以下几方面看出来。

★企业如果同时推出多款产品，那么支撑产品发展的资源就会被分散，在突击市场的时候就会疲软。在产品刚进入市场的时候，品牌的影响力还没有建立起来，消费者的基础也比较弱，消费者随时都有可能用类似的产品来替代你的产品，因此企业没有能力和精力来同时运营多个产品和渠道。

因此，最明智的做法是选择一个战略单品突击市场，这款产品应该是相对比较成熟、性价比比较高的，然后将这一单品做成区域内比较热销的产品，为品牌积累更多的客户和口碑，降低企业的营销成本。除此之外，战略单品在完成市场突破后还可以带动后续产品的发展，为企业带来更多的利润。

★企业在刚进入市场的时候，由于资源和营销团队的运营能力有限，在进行产品定位和品牌定位的时候相对精准，能集中优势资源，利用战略单品在细分市场上占据有利地位。如果同时推出多款产品，就会给消费者在识别上带来困难，而单品推进的话则会为战略单品带来聚焦的效果，可以让消费者在迅速识别的同时加深对产品的印象。

★有的企业希望能通过丰富产品的种类提高销量，然而实际的结果却是新增加的产品缺乏有效的战略导向，再加上企业在研发和生产的时候缺乏耐心，使得新增加的产品对品牌的销量提升并没做多大贡献。也就是说产品数量的多少并不与销售业绩的提升成正比。

★根据"二八定律"，企业80%的销售业绩是由20%的产品创造出来的，而剩下的80%的产品只能创造20%的业绩，而且这部分产品还容易造成巨大的库存压力。而战略单品则不会有这样的问题。

只要是打营销战，就应该将兵力集中在一个单点上，依靠单点突破在细分市场上形成绝对优势，然后依靠后续兵力逐渐将对手打败。

单一的力量

统一在进行市场突击的时候就是因为忽略了单一的力量，而造成了产品的失败。统一在推出了"现泡台湾绿茶"——"茶里王"之后，又陆续推出了"日式无糖绿茶"、"英式红茶"等产品，使得消费者对各种产品的概念有些混淆，"茶里王"这个战略单品也失去了本该发挥的效应。

犯了同样错误的还有中粮集团，中粮在推出"悦活"品牌时不是将战略重点放在纯果汁饮料的单品上，而是同时推出了悦活蜂蜜、悦活乳酪等一系列产品，最终没有一款火爆。

健力宝为了"第五季"的顺利开展，投入了巨额的资金，还邀请滨崎步做代言人，进行了狂轰滥炸式的广告，但是"第五季"并没有达到预想的效果。主要原因是"第五季"推出了一系列饮料，包含茶饮料、碳酸饮料、果汁饮料等，这些产品种类繁杂，没有让消费者对品牌形成清晰的认识。

因此，不管企业有多少好的产品需要推广，想要将企业的规模做大，集中优势资源打造一个战略大单品，然后通过成功的大单品带动产品群的发展，这才是一个品牌经营的核心之道。

将超级单品做大做透，然后逐渐向外延伸

一个新的品类，它的产品线的发展一般会经历这样一个过程：在一个已经拥有一定认知基础的市场上，聚焦超级单品，将这个单品做大做透，当这个战略大单品在市场上拥有一席之地后，再围绕战略大单品逐渐向外延伸，扩展出更多的分支产品。

比如蒙牛乳业，首先推出的产品是砖型纯牛奶，在将产品做大做成功之后，又陆续推出其他纯牛奶和酸奶等；同样的例子还有汇源果汁，首先推出的是100%浓缩果汁，在用浓缩果汁打开市场之后，又推出了低浓度果汁、果汁饮料和果汁果乐等产品，丰富了品牌的类别，巩固了品牌在市场上的地位。

将超级单品做大做透，要求企业在培育产品的时候就要追求相对专一化，不仅要注重产品在横向层面多元化的发展，还要注重纵向开发战略单品，提高战略单品的竞争力，推动产品上下游价值链的布局。

战略单品的竞争力来源于品类创新，产品价值的独特性也会提升单品的竞争力；战略单品的竞争力来源于企业在产业链上下游进行的纵向发展，来源于对各个环节的控制和整合，在将战略单品做大的过程中，促进产业链上下游的纵向深入发展，能有效降低企业的成本。

可口可乐作为一个饮料品牌，手中握有浓缩原料，为了能将可口可乐这个战略单品做大做透，其与罐装厂和渠道运营集团进行了合作，调整了组织架构，从而为可口可乐构建了一条成本较低的销售系统，可以让可口可乐在低成本投资的情况下提升产品销量，从而提升产品的性价比。

美国派拉蒙农场是世界上最大的开心果供应商，世界上70%的优质开心果都来源于派拉蒙农场。派拉蒙农场在发展的过程中遵循纵向一体化的发展战略，集产品种植、收购、加工、销售为一身。同时派拉蒙农场凭借自己的集群和规模优势，在开心果市场上拥有一定的地位，在定价方面也拥有一定的话语权。派拉蒙农场推出"万多福"纯天然开心果，同时将产品贴上"不漂白、自然开"的标志，受到了广大消费者的喜爱，在进击开心果市场时可谓是所向披靡。

超级单品需要不断升级优化

市场的日新月异，注定了超级单品不能一成不变。在"互联网+"时代，产品的革新每天都在发生，超级单品的生命周期正在不断缩短。这就需要企业在着眼于市场的同时，也要兼顾产品的研发与产品的升级。因此，在一年的周期内，品牌最好主动进行产品换代。即使在产品的配件与配方不能改变的情况下，也要针对其形象、包装、体验做出升级。

由于碳酸饮料的主要消费群体是年轻人，为了尽可能迎合他们的喜好，可口可乐公司不仅与凡客、小米等同样定位于年轻人的企业合作，而且推出了新的营销方案：在可口可乐的瓶身上印刷上了"喵星人"、"闺蜜"、"高帅富"等年轻人经常使用的网络词汇。

可口可乐不仅是美国文化生活的典型代表，而且零售网点铺设非常广泛。毫不夸张地说，在世界各地你都能发现这个熟悉的瓶子和标志。而可口可乐的品牌之所以会有如此大的影响力，与其营销的理念是分不开的。美国社会学家西德尼·敏茨甚至在《甜蜜和权力》一书中感慨：我们喝什么似乎并不能由自己选择

可口可乐新包装

了，可口可乐让我们如消费狂一样只能接受它。

目前，在全球软饮料市场，可口可乐的市场份额已经超过了50%，是当之无愧的饮料界"老大"，而擅长营销的可口可乐，同样也十分擅长造势。比如：在"定制瓶"的营销过程中，可口可乐就先将印有个人名字及相应词汇的可口可乐寄给了各个微博上的大V，当他们收到"定制版"可口可乐后往往都会在微博晒图，这就吸引了相

当可观的观注度和广泛的讨论。

实际上，自互联网兴起，其暗含的商机爆发出的巨大能量便已经得到了充分展示。尽管玩法千差万别，但通过互联网进行营销的案例则是不胜枚举。

比如：2012 年时，星巴克推出了一个"叫醒闹钟"活动，用户安装星巴克的叫醒闹钟 App 后，只要在闹钟响铃不足 30 分钟的情况下进入星巴克，就能获得相应的优惠。可口可乐的营销方式，虽然与星巴克的方式不尽相同，但本质都是通过互联网拉近产品与受众之间的距离。

虽然相比欧美等发达国家，互联网进入中国的时间还不长，但将互联网与营销进行结合，更能够实现营销的本地化。随着互联网的发展，年轻用户使用互联网的时间越来越长，互联网已成为不可或缺的工作和生活工具，而在互联网的使用过程中，"白富美"、"高帅富"等互联网词汇也源源不断地诞生。可口可乐推出的营销方案，与年轻群体的喜好相契合，自然也能够取得不错的成效。

品类聚焦 VS 单品突破：
以战略单品为核心的品牌经营战略（中）

如何打造战略单品？

市场上最不缺的是产品，最缺的是优质的产品，尤其是优质的战略单品。企业如果能拥有一个优质的战略单品，那么在市场的竞争中就会无往不胜。那么企业应该如何打造自己优质的战略单品呢？总结来说，企业可以从以下几个方面发力：

1）创新力

随着经济的发展，产品和品牌开始出现过剩的现象，产品同质化已经无可避免，同类型企业之间的竞争变得日益严峻，在这种背景下，要想在众多同类型产品中脱颖而出，成为一个优质的战略单品，最关键的就是能否在产品上进行创新。

要对产品进行创新就要走差异化路线，要使自己的产品拥有别的同类产品没有的特质，这样才能让消费者感受到产品的独特性，从而提高选择的概率。

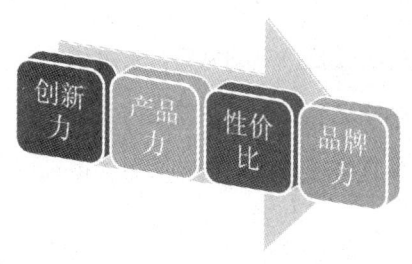

企业打造战略单品的4大发力点

生活水平的提高使得消费者的需求日益多样化和个性化，尽管市场上的产品和服务愈益丰富，但是也不可能满足所有消费者的需求。因此企业要提高对市场的洞察力和反应能力，划定目标消费群，通过对他们的分析精准捕捉其消费习惯和行为，从而根据这些有价值的信息有意识地推出差异化的产品和服务，让他们获得在其他产品上得不到的体验，这样才有可能牢牢地吸引和抓住这部分消费群体，从而使自己的产品有机会成为战略单品。

战略单品的力量来源于品类创新，但并不是所有的产品都可以成为战略单品。首先，只有市场上缺乏的产品才有资格成为战略单品，这类产品就是品类创新产品；其次，产品必须是人无我有的，这样才能显示自己产品的独特性。

品类创新能为战略单品增加攻击市场的力量，这种力量包含了以下含义：

★战略单品的出现满足了消费者的一种新的消费需求；

★市场上现有的产品不会出现与战略单品相似或者相同的现象，这种战略单品是为了满足消费者的新需求而出现的一种新产品；

★战略单品属于大众化的产品，可以通过自身的发展带动后续产品的发展，从而形成合理的产品线。

★战略单品属于新生的产品品类，在与竞争对手进行竞争的过程中，拿出的牌并不是产品，而是代表一个品类，因此一个品类和一个产品之间的竞争，胜负的结果也就不言而喻了。

2）产品力

一个产品的产品力，最重要的一个衡量标准就是产品的品质，它是构成产品力的重要基础，也是推动品牌走向成功的中坚力量。不管在营销方面下多少工夫、投入多少成本，只要产品的品质不过关，就很难让消费者买单，更别说忠诚于这个品牌了。

作为一个战略单品，应该具有创新性品质，产品的这种品质和产品的价值独特性，可以推动一个品牌的建立和成长。企业在经过了品类创新之后，会更加具有生机和活力，同时消费者也能从品类创新中获得不一样的产品体验。

娃哈哈营养快线

娃哈哈营养快线2003年研制成功，并于2004年正式投产，一上市便迅速风靡了国内和国外市场。到2013年的时候，娃哈哈营养快线的销量已经突破了200亿元，在国内饮料行业创造了单品销量的奇迹。

"营养快线"是如何在十年的时间里创造销售神话的？我们不妨将目光转向营养快线刚刚萌芽的2003年。在小洋人产品的启发下，娃哈哈营养快线的策划团队开始对市场进行深入地调查和分析，并得出结论：与其他产品相比，消费者普遍倾向于果汁和牛奶这两种产品。在调查中，他们也收到了很多消费者的反馈，称这两种产品虽然营养成分比较高，但是口味却有些单调，没有什么新意。于是他们便预测，在未来饮料行业的市场上，由两种或者多种品类复合的产品会更受欢迎。

而市场中出现的一些现象也证定了他们预测的正确性，比如农夫果园的混合型果汁就在市场上获得了不错的反响。除此之外，市场上还出现了奶和茶复合的产品、奶和酒复合的产品等，这些复合型饮料的出现不仅满足了消费者的猎奇心理，同时也使其获得了独特的口味体验。

于是根据市场调查的结果，娃哈哈营养快线的策划团队决定推出"牛奶和果汁"的复合品。如果要对牛奶和果汁进行细分，牛奶可以算是一种食品，而果汁则是一种饮料。牛奶是在一个相对固定的时间和地点饮用的产品，功能就是补充人体所需的营养和充饥，是消费者在自己学习和知觉的基础上进行的合理购买决策，主要是家庭消费。

而果汁的饮用没有固定的时间和地点，消费者购买果汁是为了补充水分和一定的维生素，是一种即兴型的消费，主要是个人消费。如果能将这两种产品良好地结合起来，这个复合型的产品就不仅可以满足消费者的营养需求，还可以为消费者带来更佳的口感。

有了产品创意之后，接下来关键的一步就是准确对消费群体和产品进行定位：

★消费群体的定位

娃哈哈营养快线锁定的消费群体主要分为两类：

一类是在校大学生和 22 岁以上的上班族。对这个年龄阶段的消费者来说，他们接受新鲜事物的能力比较强，乐于接受挑战，需要消耗的体能也比较大，因而他们需要补充体能以使自己时时处于充满活力的状态。这个群体在城市市场的影响力比较大，通过他们的带动，可以让更多的年轻人成为忠实消费者；

另一类就是有 6～12 岁孩子的家庭。通常情况下，这些孩子的母亲相对比较年轻，她们在消费的时候，更愿意给孩子选择一些兼具营养和口感的产品。

★产品定位

娃哈哈营养快线最初将产品定位为早餐饮料，因为策划团队在调查的时候发现，很多年轻人尤其是上班族早晨常常将早餐忽略，甚至根本就没有吃早餐的习惯。于是娃哈哈营养快线专门针对城市白领和高校学生量身打造了一款饮品，从而为他们提供了更多的早餐选择。

娃哈哈营养快线的产品定位满足了消费者对营养和口感的双重需求，同时也遵循了娃哈哈提倡的"健康、快乐"的品牌理念，在市场上占有了一席之地，树立了独特的品牌形象。

除了进行消费群体和产品的定位外，在产品同质化越来越严重的时代，娃哈哈营养快线也找准了差异化的定位。娃哈哈营养快线之所以能推出专门针对大学生和城市白领的营养早餐，是在对市场层层细分和剖析的基础上寻找到的市场盲点，为日后产品的营销推广做出了重要的贡献。

在准确进行消费群体和产品的定位之后，娃哈哈营养快线开始逐渐成形并慢慢成长起来。在草莓、芒果、香橙、菠萝等数十种水果口味中，策划团队最终选择了在大众中接受度比较高的菠萝和原味两种，并在公司内部和社会上进行了口味测试，对这两种口味进行了验证。

从娃哈哈营养快线对产品进行的品类创新，不断提升产品的品质，我们可以看出战略单品成功的关键就在于企业的产品力。

竞争的日趋激烈和消费者的理性化，使得企业之间的竞争已经不再是大炒大卖的广告竞争，而是企业实力和产品品质之间的比拼，没有实力和产品品质作后盾，任何产品都不可能在市场上获得青睐。

3）性价比

战略单品的高性价比也是增强其竞争力的重要因素，这里所讲的性价比并不是指产品卖得有多便宜，而是指产品的固有价值要高于其售价，简单点来说就是要让消费者用相对比较低的价格买到固有价值比较高的产品，这样一来不仅满足了消费者的基本诉求，同时还超越了他们的心理预期。

提高战略单品的性价比，就可以让消费者获得超过他们心理预期的体验。战略单品的高性价比可以通过以下几种方式来体现：

★让消费者获得产品以外的价值；

★让消费者以相对更低的价格获得同样的产品或服务；

★用同样的价格获得更多的产品或服务；

★与其他竞争对手相比，能更好地满足消费者，让他们获得更好的产品或服务体验。

比如微软推出的具有高性价比的软件产品，Zara 推出的高性价比的服装，必胜客推出的高性价比的比萨等。

娃哈哈营养快线之所以能在市场上大获成功，除了产品拥有过硬的品质和能吸引人眼球的外包装之外，还有比较诱人的价格因素。在同类型的产品中，产品质量和净含量相同或相近的情况下，娃哈哈的产品零售价相对较低，这样高性价比的产品，消费者怎么可能不喜欢呢？

4）品牌力

产品品质是战略单品进击市场的重要基础，进行品类创新是其重要的武器，而塑造产品品牌则是企业实现长远发展的重要资产。

产品品牌力的打造在于以战略单品的核心价值为主线，进行品牌形象的塑造以及品牌个性的构建。一个企业的品牌力是企业经过精心策划和经营打造出来的，这不仅使企业在经营的过程中始终遵循品牌的核心价值，而且企业进行的广告、公关活动以及在宣传中使用的每一个文字和图片都要始终围绕品牌的核心价值。

娃哈哈营养快线在差异化道路上进行的产品创新是推动其走向成功的重要基础。娃哈哈在产品推广上选择了整合营销的方式，同时综合运用多种推广手段，使品牌在协同效应下达到了良好的传播和宣传效果。

★通过广告宣传，让消费者了解产品的卖点。

娃哈哈营养快线根据产品和消费群的定位，在广告中打出了"早上喝一瓶，精神一上午"、"15种营养素，一步到位"等标语，同时还专门针对不同的消费群体制定了两种广告版本。娃哈哈营养快线采用的广告语不仅通俗易懂，而且读起来也朗朗上口，方便记忆，可以扩大品牌在消费者心目中的影响力。

而且娃哈哈营养快线在宣传中始终不离其口号，将产品定位为高端营养饮品。在面临夏天奶类饮料销售低迷的状况时，娃哈哈营养快线又推出了"冰冻篇"广告，引导消费者养成饮用冰冻营养快线的习惯。

娃哈哈营养快线同时在央视和各个地方卫视进行宣传，达到了产品传播的高度和广度的标准。

一般情况下，快消品中的高端产品会选择央视进行品牌传播，同时还会根据各卫视在地方的影响力，有选择性地进行广告宣传，扩大品牌传播的范围。综合利用央视和地方卫视的优势，发挥媒体之间的联动效果，使品牌的传播达到最佳效果。

★在产品销售终端加大推广力度，刺激消费者的购买欲。

在渠道终端进行产品展示和陈列，对消费者进行视觉上的刺激，从而让他们产生购买欲望。

空中广告和销售终端推广齐头并进，帮助娃哈哈营养快线迅速在市场上打响了知名度，提升了品牌的影响力。

娃哈哈在进行品牌推广的时候，还充分考虑其消费群体的特点，采用了一种新型的传播方式，充分发挥网络在品牌传播中的作用。娃哈哈采用的新型传播方式主要包括活动营销和植入式广告。

所谓的活动营销就是采用一种特殊的产品信息传递手段，以实现一种最强烈的传播效果，从而提高产品销量，提升品牌的知名度，扩大品牌的影响力。2008年娃哈哈与人气指数比较高的网络游戏《梦幻西游》联手推出一档暑期活动——"畅饮营养快线，玩转梦幻西游"，娃哈哈通过与《梦幻西游》的合作在社会上获得了更高的关注度，在一定程度上推动了品牌的传播。

与此同时，娃哈哈营养快线在分析其目标消费群的特点之后，采用了植入式广告的推广方式，将产品植入到游戏中去。对游戏玩家而言，道具是必不可少的，而娃哈哈营养快线的营养也是必不可少的，因此两者的结合也是有一定看点的。

娃哈哈营养快线通过植入游戏和与游戏进行合作开展活动营销的方式，获得了更多青少年的追捧，提高了营养快线的销量和品牌知名度，同时也使其成为娃哈哈旗下一个重量级的品牌。

除此之外，娃哈哈营养快线在品牌推广的过程中还采用了目标关联营销的方式，推出了"筑巢行动"的活动，承诺每卖出一瓶营养快线就为贫困地区的孩子捐出一分钱，帮助贫困地区的孩子住上新校舍。娃哈哈营养快线通过这种公益性的活动，迅速在社会上树立了良好的品牌形象，同时也提升了品牌在消费者心中的地位。

综上所述，娃哈哈的成功得益于成功运用整合营销传播，结合各种有效的推广方式，线上线下双管齐下，使娃哈哈营养快线迅速在市场上抢占了一席之地，并成为消费者心目中理想的饮料品牌。"娃哈哈营养快线"的名号也响彻了大江南北。

品类聚焦 VS 单品突破：
以战略单品为核心的品牌经营战略（下）

一种产品在刚刚上市的时候，要充分发挥新品上市给市场带来的冲击效应，迅速打开市场。这一步骤能否成功，对未来很长一段时间内的产品销售情况有很大的影响，所以对产品而言非常重要。具体需要如何运作，才能迅速突破市场呢？

提升速度和爆发力

加强单位面积的压力

快速实现动销和回货

局部突破带动全局突破

产品迅速突破市场的策略

提升速度和爆发力

首先，要加快产品在销售渠道布局的速度，提升产品铺货爆发力。

营销是通过为产品造势来促进产品销售的一种手段，说到底，营销的本质就是为产品造势，造出的势越强，对销售的促进作用就越强大。铺货也是同样的道理，产品在上市之初，如果能够实现爆发式的铺货，强势挤占各级渠道，就容易让消费者对产品产生最初的信任，同时也对销售终端造成一定的压力，从而促进产品的销售。

所谓爆发式的铺货，就是大量的、迅速的铺货，集中所有能集中的力量，在指定的市场、指定的时间内，迅速开展地毯式的铺货，用最快的时间把最多的产品推送到各个销售终端的货架上,让竞争对手措手不及,让消费者走到哪里都能看到自己的产品。通过这种方式迅速挤占各级销售渠道,短时间内将市场占有率提升到一个理想的高度。

加强单位面积的压力

力量越集中,产生的压力就越大,这是物理与营销通用的准则。企业在为新品造势的时候,如果将所有的力量集中于一点,不求全求大,那么往往能在这一点范围内无往而不利,因而企业在新品营销过程中往往会重点攻克某一方面,比如传播、渠道、区域、价格、促销等等,选择其中一个方面全力出击,通常能够在很短的时间内形成产品的竞争优势。

新品营销成功的秘诀就是快、准、狠,后者主要体现在广告、试用促销方面,企业要不吝惜这方面的投入,甚至需要孤注一掷,才更容易拉动产品后期的销售。

以雅客V9维生素糖果为例,在产品刚刚推向市场的时候,雅克不计成本地进行大量的免费派发,一周之内就派发出2000万粒,同时还集中力量大力推进终端特殊陈列和区域性主题促销,最终奠定了雅客V9在糖果市场的稳固地位。

快速实现动销和回货

爆发式的铺货完成之后,下一个目标就是快速实现动销和回货。因为前期的疯狂铺货很可能会造成产品积压,这样就无法及时回货,不能完成新的销售任务。这种情况下,企业需要主动协助经销商进行终端销售,通过各种手段尽快把第一批铺的货处理完,比如在节假日和重点销售时段加大促销力度,翻新促销手段等等。这样才好进第二批货,进而实现产品销售的良性循环,促使消费者更快接受这种产品。

局部突破带动全局突破

局部突破带动全局突破的模式，几乎称得上是最为核心的品牌经营战略，具体体现为突破领袖渠道带动所有渠道以及突破根据地市场带动所有市场。

1）突破领袖渠道带动所有渠道

突破领袖渠道带动所有渠道，简单来讲就是以点带线，以线带面。先集中力量做好少数重点渠道，待其成绩显现，再充分发挥其示范带头作用，来拉动其他渠道的销售，进而全面启动整个市场。比如酒品类产品在新品营销阶段，通常会选择本地最出名的几家酒店进行运作，迅速建立起品牌标杆将产品打出名气，再逐渐扩展到其他渠道，最终打开整个市场。

凉茶品牌王老吉在进行品牌推广时，也是先选择了餐饮终端重点运作，之后才慢慢推广到其他渠道，通过突破餐饮渠道带动所有渠道。

围绕其"预防上火"的产品定位，王老吉选择了最适合产品推广的湘菜馆、川菜馆和火锅店作为合作对象，自掏腰包在这些餐饮终端促销王老吉。王老吉不但投入了大量的产品，还投入了大量的人力，招聘促销员在这些餐饮店推行免费品尝活动，要求所有产品冰镇1小时以上，每罐产品邀请6位就餐客人免费品尝。

同时，王老吉派业务员在全国范围内进行餐饮终端的开发，要求每人每天至少拜访35家终端网点，张贴30张宣传海报，贴3个冰箱贴，开发3家新客户。通过这样大规模的不计成本的扫街行动，王老吉迅速掌握了全国大部分餐饮终端，并且对每一个餐饮终端的建设都认真对待，希望借助这些终端打出品牌的知名度，从而促进产品的销售，实现"终端拦截"。餐饮渠道的成功，最终带动现代渠道、特通渠道和传统渠道取得了不俗的成绩。

2）突破根据地市场带动所有市场

在市场拓展早期，王老吉在全国各省都设置了代理商，打算同时进攻全国市场。很快，王老吉就发现这条道路行不通，全国战略并不适合这样一个带有明显区域特色的产品，意识到这一点之后，王老吉迅速退出了成绩不理想的省区。

当时，温州因为生产假冒伪劣产品而导致地区形象一落千丈，而王老吉的口号"天地正气王老吉"正好迎合了温州消费者的心理，所以王老吉在温州的销售成绩十分出色，基于这样的背景，王老吉决定将温州市场作为全国市场的突破点来全力经营。

通过无孔不入的强势广告策略；借助婚宴、谢师宴强攻餐饮渠道；以及通过餐饮渠道带动家庭消费三种方式，王老吉逐渐打开了温州市场。当时，王老吉的广告在温州各级电视台高频次播放，各个餐饮终端的大小宴会上遍布着大力度促销的王老吉凉茶，王老吉的推广活动在居住社区也随处可见，整个温州市场被王老吉360度无死角覆盖。

温州市场的成功，让王老吉平安渡过了生存阶段，在这个过程中，王老吉逐渐摸索出了一套行之有效的营销模式，即"广告 + 餐饮渠道"共同推广。从此温州市场成为王老吉的根据地，从温州市场摸索出来的营销模式经过不断丰富，被复制到了更多的市场，并使更多市场获得成功，王老吉也随之从一个区域品牌华丽转身成为全国品牌。

超级单品背后的市场逻辑：
成功打造超级单品的 5 个因素

超级单品品牌之路就是企业创建超级单品的过程，如今的市场正在面临着新一轮的品类重构与消费升级，对企业而言，每一个品类升级或创新的契机，都可能带来新的市场机会。那么，如何才能打造出一个成功的单品品牌？在单品的品类创新潮流中如何把握好这个机会呢？这是每一个企业经营者都在关注的问题，下面我们来具体阐述一下单品品牌开辟之路。

超级单品 VS 品牌建设

超级单品品牌之路就是创建品牌、创建超级单品的过程。创建超级单品要以产品为基础，历经三个过程：

1）品牌创建：机会驱动着超级单品的创新，以便为品牌创新提供新动力。

作为品牌的创建者，企业应该具备敏锐的市场嗅觉和前瞻性的眼光，以发觉新的市场机会，寻找空白市场或者市场新需求，进而抓住品类创新的机会，适时创建新的超级单品。

而机会则无所不在，它可能源于市场空白点，可能来自于价格空白点，可能源于技术领域的创新，可能因为消费需求的升级换代，可能来自于不同产业的跨界，也可能源于行业内某种破坏性的创新。在机会面前，企业可以借由升级、嫁接组合、替代、反向、去除、换序这六种策略，去打造属于自己的代表品类创新的超级单品。

在创造新的超级单品之后，企业还需要结合整体品牌价值对其进行重新定位。所谓定位，就是从目标消费群的心理感受出发，系统设计品牌形象，以顾客的心理特征为主要依据来设计产品属性，宣传其品牌价值，从而在顾客心目中树立该品牌的独特位置。合适的品牌定位能够有效地向消费者传递企业的品牌理念，迅速占据消费者的心智，让原本没有生命的产品和服务具备一定的人格品质，让品牌内涵更加丰富。

创建超级单品3个步骤

2）品牌培育：在这一阶段企业超级单品还不具备强大的实力，应该走资源聚焦的营销战略路线，先单点突破，再点带线、线带面，最终实现全面突破。

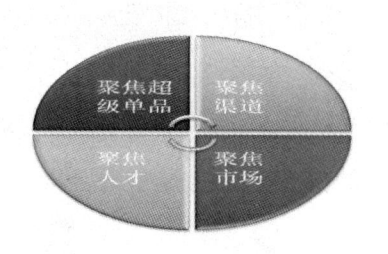

在进行单品的品牌培育时，主要应聚焦以下几个方面：

品牌培育阶段的"四个聚焦"

★聚焦超级单品：着眼于市场需求，从性价比、产品力、品牌力、创新力四个方面出发让单品实现差异化。

★聚焦渠道：所谓得渠道者得天下，第一，新单品应该抢占渠道陈列资源，在陈列数量、位置等方面战胜竞争单品；第二，随时关注单品销售动态，主要从消费者心理、产品自身、市场竞争、企业推广四个主要因素出发，分析销售动态的原因。企业需要做的是寻找渠道中的意见领袖，突破意见领袖消费障碍；进行渠道激励，打通单品流入市场的通路；筹备人力资源做好推销，同时配合相应的促销活动，吸引消费者。

★聚焦市场：把握机会市场，打造属于自己的核心市场。抢先占领机会市场份额，能够为企业的超级单品战略布局构筑良好的市场基础；进军核心市场也是不错的选择，因为企业品牌在核心市场已经具备一定的知名度，超级单品能轻松入驻市场，有助于迅速建立单品的品牌形象。

★聚焦人才：能够给企业带来持久推动力和创新力的，只有人才。企业突破现有格局的关键就是，是否拥有强大的团队，是否能够收拢人才，以新眼光、新视角发现机会，实现产品突破。因此，企业需要打造一支充满活力、具有创新精神的优秀团队。

在超级单品的培育阶段，企业应该以单点发力为基本战略战术，逐步提升消费者对品牌的忠诚度。这就需要企业坚定不移地守护品牌的核心价值，以品牌独特的价值或功能为根据，与其他品牌形成品牌区隔、差异化；再将感情利益融入品牌，刺激消费者的购买冲动；与此同时，为品牌赋予独特的价值观、个性和自我表达，吸引消费者重复购买。当消费者对品牌逐步形成品牌区隔、购买冲动与重复购买之后，就会对品牌产生忠诚度。

3）品牌管理：管理是创建品牌的生命线，同时也是创建品牌的保证。

品牌创新是一个复杂的经济系统工程，包括产品生产、技术创新、人员组织、价值赋予、文化内涵等多种元素，它涉及品牌经营活动的程序化和程序化运用。品牌管理既融于这些活动之中，又高于这些活动，串联于活动的全过程，可以说是品牌创新的基础。

打造超级单品的5个要素

1）明确使命

在制定企业的战略之前，首先必须明确企业的使命，企业使命明确了企业为什么存在以及企业存在是为了什么目的。明确企业的使命，就是要确定实现企业的远景目标而必须承担的责任和必须坚持的原则，不受短期利益的诱导，遇到困难也不轻易屈服，持续地坚定执行单品为王的品牌战略。

打造超级单品的5个要素

默克公司把为社会提供卓越的产品和服务作为自己的使命,早在二十世纪五十年代,乔治·默克就曾向社会宣布,默克公司将始终以"医药为民不为利"为宗旨服务于社会大众。默克公司曾经研究出一种可以治疗热带雨林中土著居民疑难病的药,考虑到贫穷的土著居民无力承担买药的费用,便决定无偿向三千多万患者捐献这一药品。医药为民不为利便是自然而然的了,默克公司最终成为全球医药巨头。

加多宝公司始终把"共创健康时尚饮品,传承中华传统文化"作为企业的使命,无论是在创业初期和更换品牌的困难时期,还是在销售超高速增长的黄金时期,一心只做新品类的现代凉茶,坚持不扩充品类,始终代表中华文化的"红"传统,最终打造了全国销量最大的超级单品凉茶。

2)制定目标

根据企业使命明确企业战略,在使命的引领下,坚守企业战略,再对企业战略进行细化分解,形成一个个具有操作性的具体目标。营销目标包括销售目标和市场目标。以 OTC 类产品为例,销售额接近 1 亿的单品,就已经具备了成为超级单品的基础,未来努力的目标应当定为 3 亿、5 亿、10 亿甚至更多,这就是销售目标。

根据平衡计分卡的理论,想要实现财务目标,就需要提高顾客满意度,顾客满意的指标不仅包括市场占有率、销售额、利润等量化指标,还包括客户满意度、品牌影响力、团队建设、员工素质技能的提升等质化指标,围绕这些量化和质化目标进行努力,保障品牌具有持久的生命力,这就是市场目标。

市场目标的关键性指标是品牌力,如果缺少品牌建设指标和顾客满意度指标,就只能通过透支销量、透支费用、向渠道压货等方式取得短期的销量增长,品牌的长期发展必然乏力,也不可能打造出超级单品。因此,企业在制定发展目标时，既要与企业的使命和长期的战略规划相契合，又要实事求是，分步骤来实现，不能轻易调整目标。

3）坚决执行

明确使命和制定目标只是战略规划层面的"纸上谈兵"，要真正地使战略落地还是要依靠强有力的执行。执行的三大关键要素包括战略、运营和人员。

★战略：这里所说的战略是指企业的目标战略、营销战略，把这些战略转化为销售目标，并把销售目标与企业的绩效管理相结合，保障营销战略目标的落实。把企业的战略挂在墙上只能发挥宣传意义，战略的落实关键是狠抓执行力。在执行战略的过程中需要关注以下方面。

企业战略是否与企业能力相匹配，战略与能力的匹配度是决定企业兴衰的根源，是打造企业核心竞争力的优势，赢得市场竞争的关键。企业所选择的战略和与之匹配的企业能力对于企业发展的影响，就如同生命体中的两条染色体，染色体内的DNA组合形式，就是生命体的信息密码。

在企业管理中，所有的管控模式都是通过流程来实现的，而组织架构既是执行战略的重要前提，又是流程的实施载体。假如企业的组织架构与流程不匹配，企业制定的管控模式也是无法落实的。

在信息大爆炸的时代，心智决定着市场，企业的战略管理关键是对品牌的心智资源的管理，市场竞争的实质就是竞争顾客心智资源。简化顾客的选择是品牌的首要功能，品牌管理就是要通过抢占顾客心智，在心理层面向他们预售产品和服务。在市场上顾客关注的焦点不是企业而是品牌。

产品定位是战略实施的关键要素之一，定位就是通过广告等品牌传播活动，实现产品在消费者心智中的差异化，让产品在消费者的心智中占有确定的位置。

消费者在购买产品时往往以品类思考自己的需求，用品牌表达自己的选择。品牌竞争的实质就是品类竞争，成功品牌往往是该品类的代表，真正的品牌在消费者心智中往往就是特定品类的代名词，如加多宝是凉茶的代表，消费者最先想到的是购买凉茶，然后会想到具体的品牌，最后才想到企业。

企业代表法人实体，可以生产不同的品类，品牌代表特定品类，然而品类才是市场竞争的基本单位，因此，如果混淆了企业和品牌就会步入品牌管理的误区。

★运营：完成正确的单品战略定位后，接下来就是做好执行运营，运营的重点便是建立科学的运营流程。

建立科学运营流程的主要形式是目标分配，它包括确定目标、制定执行计划、分配任务落实执行、跟进完成等内容。科学的运营流程就如同一条将企业的战略、人员和流程连接起来的线一样，能够为战略实施人员提供明确的方向，保障战略顺利落实。

★人员：所有的战略都要依靠人来执行，强大的人力资源是战略执行的重要保障。人们常说，团结就是力量，团队制胜，强大的团队能够发挥出强大的执行力，发展出强大的团队文化，为企业的发展提供持续的动力。在实际的战略执行过程中，企业往往并不缺乏明确的企业使命和清晰的战略目标，更多的是缺乏得力的人才和不轻易放弃、坚持执行的战略定力。

在执行的过程中协调好企业的人员、运营、战略这三个核心流程，用合适的人，采用科学的方法，做正确的事，就能实现完美的执行。

4）讲究策略

高效的执行要讲究策略性，科学地运用4P、4C策略是执行的关键。在打造超级单品的过程中，需要从制造企业和顾客需求两个角度来深入研究4P、4C策略。

4P是营销的策略，而4C则是营销的理念和标准。4C所倡导的"满足顾客需求，降低顾客的购买成本，提高购买便利性，加强营销沟通"是一种科学的营销理念和理想的营销标准，而4P包含的产品、价格、渠道与促销四要素则是营销的策略。4C所提出的营销理念和标准需要通过4P的策略来落实。比

4C 营销理论　　　　　　　　　　　　　4P 营销理论

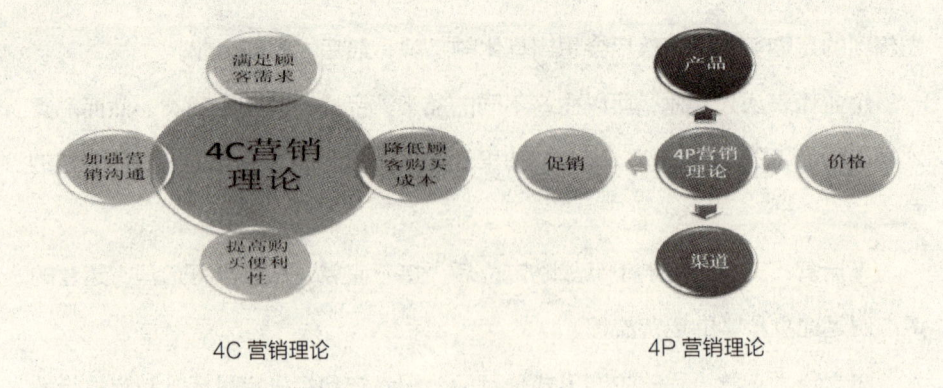

如要提高渠道的效率才能提升顾客购买的便利性，产品策略、广告公关等促销策略则是为了满足顾客的需求。

4P 主要是站在企业的角度来进行策略规划，而 4C 则更多的是考虑顾客的需求和利益。打造超级单品，首先要立足产品本身，对产品的核心层、有形层、附加层进行逐一分析，思考产品是否具备成为超级单品的基础，是否能够满足顾客的需求，是否具备核心竞争优势。另外，我们还需要站在顾客的角度，根据顾客的经济能力来思考价格策略，根据顾客的便利性需求来思考渠道策略，根据顾客接受的特点思考促销策略，以制定出科学的品牌策略。

5）支持保障

打造超级单品不容易，而保持超级单品的持续竞争力更难。要让消费者长时间把一个单品作为首选，还需要建立完善的支持保障体系，形成竞争壁垒，打造企业的持续竞争优势。

★ 创新：持续地保持产品创新能力，是打造超级单品的基础保障。只有持续地进行产品创新才能持续地吸引顾客，适应顾客需求是超级单品的重要基因，只有持续地满足顾客需求，超级单品才能保持持续的生命力。

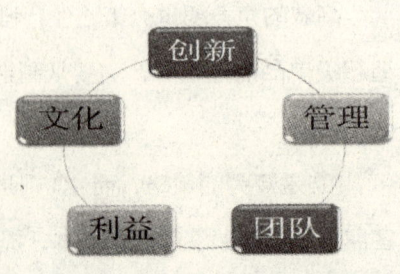

保持超级单品持续竞争力的 5 要素

★管理：科学的管理是打造超级单品的运营保障。运营就是通过目标管理和人员绩效管理，保障战略目标的实现。在企业的管理实践中，平衡计分卡（BSC）是一种很好的进行考核和评估团队执行效率和企业效益的工具；PDCA则可以帮助管理者通过目标跟踪和行动纠错，持续地提升执行力。

★团队：打造超级单品的运营、执行、策略都需要相应的人员保障，因而企业需要加强人员的管理和培训，保证团队具备可靠的执行能力。科学的团队结构是保障目标实现的关键要素，团队的战斗能力并不取决于团队的领导，而是取决于整个团队的综合素质。团队需要具备可续的层级，才能在团队的领导出现变动时，保持核心竞争力，确保超级单品能够持续运作。

★利益：在超级单品的5要素中，供应链的利益共同体一直贯穿其中，反映了各方的核心诉求。市场层面的顾客、用户、经销商等外部的价值链和企业的生产、研发和营销团队等内部的价值链共同构成了利益共同体，共同为顾客服务，共同创造业绩，利益共享风险共担。在打造超级单品的过程中合理的利益分配是必需的，协调好各方的利益能够有效地提高做大单品的势能。

★文化：刚性制度是管理的基础，在企业的发展过程中，团队的成员日益多元化，此时还需要依靠文化的力量助力团队的发展。团队的文化能够反映团队的核心价值观，例如以红色激情的正能量为代表的加多宝文化，层层驱动的联想发动机文化，优胜劣汰的华为狼性文化。企业文化是支持保障系统的灵魂，也是企业发展的重要驱动力，推动企业为了实现战略目标而持续奋斗。

【商业案例】优衣库的"减法战略"：
利用有限的单品打造"零售核心"

初入百货这个行业时，周遭关于零售的声音之杂乱让人头晕目眩，但是当走过满世界的各类商场后，对零售的观念便会慢慢变得清晰。

起初，你可能会觉得"货卖齐全，货卖堆山"就是零售，因为就是要为消费者提供琳琅满目的商品来供他们挑选，商品的种类越"丰富"才越能给消费者和销售商内心带来踏实感。而国内采用联营制之后，你会发现，这更加剧了商品的"丰富"。

不知大家是否有过和我一样的感受，在我第一次进入优衣库时，商品的繁多让我应接不暇，刹那间我不知道该怎样选择，面对质量各异、鱼龙混杂的商品，它们像一座山一样给了我强烈的压迫感。

因为那次不爽的购买感受，隔了两年我才第二次进入优衣库。我走进美国第五大道的优衣库旗舰店，瞬间被此时的优衣库吸引：它的款式、面料、品类组合等，都给人耳目一新的感觉。

此后，我有机会就到第五大道这家店去逛，边逛边感受这个企业商品管理的绝妙。以我作为一个零售从业者特有的敏感，看过它的商品组合我就能嗅到其背后巨额的收益，它的老板能够成为日本的首富也在意料之中。

优衣库的成功秘籍是什么？

成本和价格，这两个要素毫无疑问被优衣库列为经营的核心要素。我们见过的成功企业，都是在产品和服务中发掘利润，而优衣库的创立理念和经营之道更是离不开成本和价格的较量。

优衣库也就是 Uniqlo，全称 Unique Clothing Houseware，内在涵义是指摒弃了不必要装潢装饰的仓库型店铺，采用超市型的自助购物方式，以合理可信的价格提供顾客希望的商品。它的创始人是柳井正，他模仿美国大卖场形式创立了优衣库，并在日本公司纷纷衰退的时候，迎来了优衣库历史上最辉煌的时刻。

柳井正著有《优衣库风靡全球的秘密》，在书中他将优衣库的成长过程总结为一个历经了无数次失败的过程。优衣库经历过无法从银行融资的焦灼，经历过"衣服因低价热销但人们买回去之后立即把商标剪掉"的难堪等等。这本书就像是柳井正的错误集，他毫不隐讳地将公司业绩低迷的原因、进军海外失败的因素和盘托出，也毫不保留地将自己独特的经营哲学和管理手法完整地呈现给读者。

像美国会员超市一样，Uniqlo 会选择在众多商品中"优中选优"，这使得优衣库的商品品类并不繁杂，而且每个分类下的单品也很少，但是绝大多数的单品都是"精致"的，这种严格控制商品数量，精心筛选商品的经营方式，使得优衣库的商品一旦被消费者大量选择就很容易演变成一种潮流，有了大量"粉丝"就相当于降低了成本，并且如果定价低廉，就会有更多的钟爱者。

但是在这里得多说两句，像 Vancl——凡客诚品，它曾经赞叹优衣库的经营方式，立志于成为"无印良品设计的优衣库"，于是尝试用简单的商品分类，采用更低的定价，但是最终却没有成为"优衣库"。类似的，休闲服饰品牌西班牙的 Zara、美国的 Gap、Old navy 等，都采取低廉的价格，但是在近几年的发展中都渐渐呈显出疲态。

纵然上面一些企业通过打价格战没有取得很好的成效，但价格元素在企业竞争中仍然起着不可替代的作用，只是价格背后的一些因素也影响着企业的竞争力，在没有毛利空间的情况下，只是抓住价格做救命稻草也只会是无谓的牺牲。

零售的核心是什么？

如果说房地产界"位置、位置还是位置"是最根本的经营核心，那么"商品、商品还是商品"就是零售的核心。

在讨论零售的核心之前，我们简单分析一下商品管理的核心，也就是"品类管理"。以优衣库为例，这些年来优衣库始终保留着最简单、最基础的类别划分：男士、女士、儿童、内衣和配饰。而它的网上平台展现得更为简洁，甚至没有将"内衣"作为一个额外的类别。

现在市场上各类企业都选择了更为详细的分类，这使得企业经营和管理都变得轻松了许多。作为一个零售业者，我清楚地知道，企业维持这样简单的商品类别划分有多难。

因为每一个企业想要做大，想要变强，就要扩大规模，最容易的方式就是拓展商品类型。像凡客和其他一些零售企业，在商品类型不断拓展后，慢慢走向了衰败，而优衣库却因其独树一帜的商品管理决策，将不拓展商品类别坚持到底，并因此不衰反盛。

优衣库成功的秘密在于它选择聚焦基本款。它定位的人群为十几岁的年轻人，而且只售出物美价廉的休闲服饰，优衣库70%的服饰都是基本款，其库存量相对其他服装企业也更少，不仅犯错率比较低，而且库存压力也很小。而这些基本款，大都被高端时尚杂志大幅推荐过，那些几百元的单品甚至被配在LV、香奈儿的外套里面。

但是百货商场上，很多品牌专卖店需要用更多的流行款而不是基本款来吸引顾客，那么，在基本款和客流之间，优衣库做了很好的权衡。它主要采取了以下几个措施：

首先，优衣库决定放弃一部分消费者，虽然那些消费者都是不满足于基本款的高价值客户，这需要拿出足够的决心坚持将基本款作为主营商品；

第二，在面料等方面注重创新，用高质量的面料来弥补缺少新款式的缺陷，例如优衣库的 HEATTECH 系列很好地留住和吸引了众多消费者；

第三，与外部设计师合作，并吸引设计总监等优秀设计人才参与设计基本款，为基本款着色，增加其时尚感，从而不断让消费者获得新的体验；

第四，采用商品品类空间管理办法，使商品品类管理过程与空间陈列计划进行有效对接，因其娴熟而巧妙的重复陈列技巧，消费者很容易忽略它单品数量有限的不足。

单品级别的减法怎么做？

据相关数据表明，优衣库的常规单品平均销量都在百万件级别。优衣库的单品管理特色是利用非常有限的单品谋取收益的增长，也被称为"减法"下的增长。有一个很形象的比喻，就是在战场上，优衣库给了"士兵"每人一颗子弹让他们一击必中，而不是给他们大量的子弹用来乱扫。

与优衣库类似的单品级别减法的案例还有很多。德国的零售企业 ALDI（阿尔迪），是以经营食品为主的连锁超市，它的超市里每个分类的商品几乎都只有一个品牌，很好地控制了单品的数量，并且安排了商品质检人员。

事实上，德国的商品质量检验非常严格，第三方独立的质量检测表明了 ALDI 的东西比一流产品只会好不会差，而在这个基础上 ALDI 采取低价，做到了真正的"物美价廉"。ALDI 坚守这个经营理念，一直以来几乎没有企业可以与之争锋。

能够做好单品级别的减法并非那么容易，像阿尔迪、优衣库这样的企业，它们身上值得学习的地方太多。在减法背后的细节方面，它们都有很出色的表现，进而才能对整个供应链实现很好的控制。

在优衣库的规划环节，我们发现它能够将单品的管理和研发很好地结合起来。研发部门不仅将自己的优势和特色加以熟练应用，而且能对当前的潮流了如指掌，优衣库会对当前的时尚商品的风格做详细的分析并加以追踪。在优衣库，管理层总是提前一年将各个部门召集起来，讨论一年后的产品研发方向。

优衣库的规划环节最让人叹为观止的就是对商品提前一年进行的预测。对于面料、样式等等重要问题需要足够强大的团队才能做出好的预测，HEATTECH使用的上好面料Silky Dry就是优衣库成功预测并决策的经典例子。

从规划环节中受益的还有对采购数量的预测。优衣库能够很好地对一年后的基本款做好定位并进行生产数量预估，这使得企业里管理部门以及其他部门也能够提前做好相应的准备，可以随时启动动态补货系统。

同时，优衣库拥有一支专业而强大的团队，能够为它的生产环节助力，他们能够保证优衣库的商品不仅能够拥有高的质量，而且能够保证足够高效的生产，几乎在每一个细节上，优衣库都不放过对极致的追求。

最后，柳井正是马云最佩服的企业家之一，在2008年全球金融危机之时，凭借优衣库专卖店的快速扩张，他个人资产逆市上升29%，从47亿美元增加到61亿美元，登上日本首富宝座，成为日本历史上凭借服装产业高居《福布斯》榜首的第一人，他和优衣库的成功也为中国企业家和各企业提供了很好的学习机会。

第三章 超级定位

打造品牌的「超级影响力」，获得消费者心智认同

品牌的战场在消费者大脑中开展，竞争与区隔是永恒不变的主题，而创建品牌的智慧在于制造与竞争对手没有竞争的状态，并抢占第一。

品牌定位：
如何打造出消费者心目中的强势品牌？（上）

品牌定位的目的在于区隔竞争对手，让消费者对品牌产生认知，进而形成对品牌的偏好，并触发消费者的持续购买行为。

美国著名营销学者杰克·屈特认为：定位的基本原则并非是要塑造新颖独特的东西，而是要对原先就在人们心中存在的想法进行操作，打开人们的联想通道，其目的是在消费者的心智中占据有利的位置。因而，掌握品牌定位的策略和方法是十分重要的。

品牌定位是对品牌进行整体的规划和设计，明确品牌成长的方向和品牌管理的基本范围，并根据品牌定位通过战略性的企业资源配置和持续性的强化传播品牌理念，来赢得社会公众、消费者和竞争者等市场各方的认同，从而打造品牌的竞争力，形成预期的品牌优势。

在这个"信息大爆炸"的时代，大量泛滥的信息使得信息发送者和接受者之间的沟通通道产生了很多障碍。在这样的形势下，信息的发送者需要找到一条信息发送的捷径，使自己发出的信息能够成功地传达到接受者的心智，这就是需要进行品牌定位的真正原因。

类别定位

类别定位就是根据产品的类别建立起相应的品牌联想，类别定位旨在在消费者心智中建立起该品牌就等同于某类产品的印象，使该品牌成为该类别产品的代名词或是领导者，让消费者在对某一类别的产品产生特定需求时第一时间联想到该品牌。

七喜汽水就是借助"非可乐"的类别定位让自己在市场上获得了极大的成功。可口可乐与百事可乐一直是可乐市场上的两大领导品牌，拥有极高的市场占有率，这两大领导品牌在消费者心智中拥有不可动摇的地位。而七喜则通过"非可乐"的定位使自己成为与"百事"和"可口"对立的类别，为消费者提供了可乐饮料之外的新选择。

既避免了与两大巨头的正面竞争，又与两大品牌巧妙地联系了起来，让自己获得了与它们并列的地位，最终七喜凭借成功的类别定位在竞争激烈的美国饮料市场上挤进了前三甲。

在国内也有很多品牌通过成功的类别定位取得了成功，喜之郎在1996年提出了"果冻布丁喜之郎"的口号，并在同行业中率先在央视投放了巨额广告来持续地强化这一概念，在行业和产品之间建立起了一对一的联想，让消费者只要一提起果冻布丁就会想起喜之郎，一提起喜之郎就会想到果冻布丁。这样的概念传播为同类别产品的竞争者设置了难以逾越的障碍，也让喜之郎获得了巨大的市场成功，喜之郎在高峰时期占有的市场份额超过了70%。

无独有偶，河北中旺集团在2004年推出"非油炸"概念的"五谷道场"方便面，并投入了大量的资源传播"非油炸"的品牌理念，也在一时间引起了很大的市场轰动，收到了良好的成效。

另外还有"娃哈哈"，将非常可乐定位为"中国人自己的可乐"，与霸占国内可乐市场的"可口"和"百事"区分开来，也取得了非常理想的销售成果。

比附定位

比附定位就是以竞争者品牌作为参照来进行品牌定位，也称为依附竞争者定位。比附定位旨在通过与强势主导品牌的竞争来提升自身品牌的知名度和品牌价值。企业可以借助各种方法将自身品牌与行业中的知名品牌建立起特定的联系，借势让自身品牌迅速进入消费者的心智，借名牌之光让自己的品牌闪耀市场。

美国艾维斯汽车租赁公司便是通过出色的比附定位取得成功的。20世纪60年代，赫尔茨公司在美国汽车租赁市场占据了55%的市场份额，为了避免与赫尔茨公司正面竞争，艾维斯公司在自己的品牌广告中提出了著名的"老二宣言"，正是凭借巧妙的方法与市场领导者建立了联系，艾维斯的市场份额获得了28%的大幅提升。

国内的蒙牛公司也是通过比附定位发展壮大的。蒙牛在启动市场的初期只有区区一千三百多万元的资金，在中国乳业名列第1116位，与乳业的领导者伊利是无法相比的。但蒙牛却提出了"争创内蒙乳业第二品牌"、"为民族争气、向伊利学习"、"千里草原腾起伊利集团、蒙牛乳业——我们为内蒙古喝彩"等广告口号，并在产品包装上打上这些口号。这些看似赞赏伊利的广告，在消费者心智中形成了蒙牛和伊利并驾齐驱的深刻印象。如今，蒙牛已经成长为中国乳品行业的佼佼者，其超常规的跨越式发展被业界称为"蒙牛速度"。

档次定位

消费者通常会在心中将不同的品牌分成不同的档次，品牌价值是产品品质、消费者心理感受以及文化传统、价值观等各种社会因素的综合反映，档次更多的反映了产品实用价值之外的价值，如给消费者带来优越感和自尊等。多数时候，高档次品牌的品牌价值往往是通过高价位来体现的。

奢侈品是高档次定位的典型代表，例如劳力士表的价格往往高达几万元人民币，在众多的手表品牌中拥有至尊的地位，是财富与社会地位的象征，佩戴着劳力士手表往往代表着自己是社会名流或成功人士。

又如在酒店、宾馆行业按星级划分为 5 个等级，五星级的酒店则具有其高档的品牌形象，五星代表了酒店拥有完备的设施、幽雅的环境和优质的服务，并且出入其中的顾客都是有一定社会地位的；中低端定位的宾馆，则针对特定的细分市场，如追求廉价和实惠的中低收入人群。

USP 定位

USP 定位，通俗的解释就是独特的销售主张。具体而言，USP 定位包含了三个方面的内容：

一是要向消费者传播一个承诺、一种忠告和一种主张，让消费者明白购买产品能够获得什么样的利益；

二是这种主张应当是竞争品牌没有提出过或无法提出的，应当是独特的；

三是这种主张应该以消费者的需求为核心，对消费者有较大的吸引力，并且是易于理解和方便传播的。

在同类产品品牌很多、品牌竞争激烈的情形下运用 USP 能够突出自身品牌的优势和特点，让消费者根据自己的消费偏好和不同品牌利益的重视程度，在头脑中对不同的品牌进行排序，在产生相关需求时，能够更快地做出产品购买选择。

在汽车市场，马自达的主张是"可靠"，丰田主张的是"跑车外形"，沃尔沃持续定位于"安全"，菲亚特强调"精力充沛"，宝马则宣扬"驾驶的乐趣"，奔驰是"高贵、王者、显赫、至尊"的象征……正是因为各自拥有清晰独特的价值主张，这些知名品牌都各自拥立了相对固定的消费群体，在各自的细分市场占据着最高的市场份额。

在快消品行业，宝洁公司运用USP品牌定位是最成功：以洗发产品为例，宝洁在国内推出了海飞丝、飘柔、潘婷、伊卡璐、沙宣五大品牌，每一个品牌的针对性都很强，海飞丝的定位是"专业去屑"，飘柔则致力于"柔顺发质"，潘婷强调"营养发质"，伊卡璐则定位于"草本植物精华"，沙宣宣扬的是"美发定型"。

品牌定位：
如何打造出消费者心目中的强势品牌？（下）

消费者定位

此类品牌定位的基础是探究产品和某类消费人群的生活方式的关联，在深入研究目标消费者的基础上，根据其需求有针对性地提供合适的产品和利益。

海尔在推出自己的手机品牌之初，以"听世界、打天下"为其品牌诉求。事实上，在品质和质量上，不同手机品牌之间的差距已经越来越小，而带给消费者的感觉则是品牌成败的一个重要因素。海尔将消费者定位瞄准了在都市奋斗的年轻人，这一人群充满热情，希望通过奋斗打拼出自己的一片天地。海尔正是综合了自身的品牌特点，以及消费者定位后，才打出了"听世界、打天下"的口号，在表现海尔引领世界、大气磅礴的气势的同时，又满足了目标消费人群的需求。事实证明，这一定位最终也取得了不错的市场业绩。

成功运用消费者定位，能够很好地表现出品牌的独特个性，并树立个性化的品牌形象。

美国菲利普·莫里斯烟草公司在20世纪30年代曾推出过一款万宝路香烟，然而上市之后，销量却不尽如人意。公司调查后发现，因为万宝路香烟带有过滤嘴，使焦油含量降低很多，因此被消费者戏称为"女性香烟"，为大多数男性消费者所不屑。

之后，该公司为了赢得消费者，特别是男性消费者的认可，开始着手改变品牌形象，煞费苦心地为万宝路引入更多"男性"因素，比如广告的主角特意选择了壮实、粗犷的牛仔；为凸显庄重、阳刚之气，用粗体黑字来描画包装上的名称；包装颜色改为代表勇敢、热烈的红色等等。就这样，在反复强调"万宝路的男性世界"一段时间后，万宝路香烟的品牌形象终于得到改善，销量也有了重大突破，甚至位居世界香烟榜榜首。

比较定位

比较定位的策略是通过比较来凸显自己的品牌特点或优点，具体做法是，抓住知名竞争对手的弱点来"攻击"，让对手的弱点成为自己的优点，从而赢得消费者的认可。

丰田公司在美国宣传其"凌志"汽车时，就采用了这种策略。为了表现其价格优惠、质量过硬的特性，丰田公司将"凌志"汽车的图片与奔驰汽车的图片放在一起，并取了一个醒目的大标题："用36000美元就能买到价值73000美元的汽车，这是历史首次。"

另外，在向潜在消费者赠送的免费录像中还出现了这样的内容：在"凌志"汽车与奔驰汽车的发动机盖上分别放了一杯水，然后发动汽车，这时奔驰车上的水开始晃动起来，而凌志车上的水则没有晃动。此举无疑是为了宣传凌志汽车的发动机性能，取得了不错的市场认可度。

另外还有一个发生在美国的成功案例。在美国，有一家名为温迪的快餐店为了表现自己汉堡包里的牛肉分量比其他快餐店多，特意制作了这样一则广告：有三位老太太一块到麦当劳吃汉堡包，吃着吃着三人发现大大的汉堡包里面竟然只有一点点牛肉，三个老太太非常生气，对着镜头大喊："牛肉在哪里？"这时画面里出现了一段旁白："如果三位老太太去温迪快餐厅享用汉堡包，就完全不用担心找不到牛肉了！"这则广告取得了巨大成功，不仅让温迪公司因此而提升了18%的营业额，还被纽约国际广告大赛评为经典作品。

情感定位

这种定位策略是利用产品直接或间接地引导顾客的情感体验，进而开拓市场。

市场营销专家菲利普·科特勒将人们的消费行为的变化分为三个阶段，分别为量的阶段、质的阶段、感情阶段。

人们消费行为变化的三个阶段

在第三个阶段，也就是情感阶段，产品的质量或数量已经不是消费者最为看重的东西，情感渴求才是他们的最大需求。这时候，消费者最关注的是产品与自己的密切程度，即是否能够通过产品获得某种情感上的满足，或者是否能通过产品获得一种与自我理想相吻合的状态。可以说，情感是维系顾客对品牌忠诚度的重要纽带，而情感定位也是品牌诉求的重要支点。

一个品牌若能引发顾客的情感共鸣，就肯定能够获得顾客的信任和认可。

因此，对企业而言，应该通过情感定位来提升品牌文化，进而达到以情营销的目的，这种策略能够在一定程度上让消费者对品牌"情有独钟"。要想引发消费者的情感共鸣与购买联想，品牌应该不断提升自身的审美特性与人性创意，从而抢占消费者的内心，促进购买。

"太太口服液"在满足女性精神需求方面就做得非常到位，其中"让女人更出色"、"做女人真好"等诉求也是深入人心，不但满足了女性追求美丽、出色的精神需要，而且通过"太太"一词所隐含的温柔、典雅、高贵等涵义让品牌的情感形象更加丰富、饱满。正是情感定位的成功，使其多年来在保健品市场发展稳健，得到了众多消费者的信任和认可。

在中国市场上，"娃哈哈"是最成功的品牌命名之一。"娃哈哈"这一名称不仅通俗易懂、富有趣味性，而且表现出一种情感上的希望与祝愿，从而让娃哈哈品牌与美好的希望、快乐的祝愿等情感诉求形成了无缝对接。

功能性定位

功能性定位是在一定的场合或者环境下将产品的使用情况与品牌相联系，从而激起消费者在特定情景下对该品牌的想象。

白加黑

"白加黑"感冒药改革了传统感冒药的服用方式，把感冒药分为白色、黑色两种，并且以"白天吃白片，不瞌睡；晚上吃黑片，睡得香"为宣传点，突出该药的特殊功能，最终取得了不错的宣传效果。

王老吉

"王老吉"也是运用功能性定位的一个典型案例,那句"怕上火喝王老吉"的广告词更是红遍了大江南北。通过这种明确的功能性定位,王老吉俨然成了凉茶的代名词,让一个区域小品牌一下子飞跃成为全国的著名品牌,销售额也不断攀升。上火的时候,消费者就会想到喝王老吉,这种功能性定位与情景性消费的良好对接已经成功抢占了消费者的心智。

糯米图

如今被广泛应用于建筑领域的乳胶漆,诞生于20世纪70年代后期。"乳胶漆"是乳胶涂料的俗称,指的是以丙烯酸酯共聚乳液为代表的水分散性涂料,其原理是将合成树脂乳液研磨分散,然后加入不同的助剂,形成涂料。

通过乳胶漆的基本成分和应用原理,我们不难发现其本质属于我们所说的"化学涂料",所以虽然具有耐擦洗、漆膜耐水、干燥迅速、易于涂刷等优点,但一些注重环保和健康的消费者仍然会对其有所顾忌。而作为一个全新的涂料品牌,糯米图主打的就是纯天然"植物"的概念,而此种战略也帮助糯米图从众多同质的竞争对手中脱颖而出。

在古代,中国的工人曾经尝试将糯米汤与标准砂浆混合在一起,由此制成了一种"糯米砂浆"。基于这种古老的智慧,广州香海生物科技有限公司与中科院、德国瓦克实验室合作,在"糯米砂浆"的基础上融入现代生物分子科技,开创了植物分子涂料时代。

糯米图品牌标识

文化定位

文化定位就是把某种特定的文化内涵与品牌相结合，进而形成一种文化上的品牌差异。文化定位不但可以赋予品牌独特的形象和内涵，还能大大提高品牌的品位与价值。举例而言，我们在吃肯德基、麦当劳，或者在喝可口可乐时，所追求的不仅仅是解渴求饱，更是在进行一种文化消费，并从这种消费中获得一种观念、一种时尚、一种文化特征。

中国"景泰蓝"所承载的不仅仅是一种工艺品，更是中国深厚的民族文化；无锡的"红豆"服装品牌则是通过文化名人曹植的名篇来挖掘出中华文化的内涵；"金六福——中国人的福酒"，这种文化定位则是将一个品牌提升到了民族的高度，以"福"来占据消费者心智；柒牌服饰以"中国，才是美"为口号，以"立民族志气，创世界品牌"为战略，将中国文化发扬到国际市场，也以"中国心、中国情、中国创"的理念打动了世界。

如今，很多中国企业都明白，不能只靠外国的理念、策略或技术来打动顾客，只有将中国几千年的优秀历史文化加以继承和发扬，才能打造出独特的属于中国的世界级品牌。

超级定位：
如何迅速占据消费者心智、获得消费者认同？

在当前各行各业激烈的市场竞争中，几乎所有行业都形成了相对成熟的品牌格局，在"信息大爆炸"的时代，消费者心智就是最重要的资源，对消费者来说第一永远胜过更好。

在这样的情况下新企业和新品牌要想在市场上占有一席之地，就需要采用品类创新战略，通过竞争性的超级定位，迅速占据消费者心智、获得消费者的认可，开创一个全新的市场，改变市场竞争的格局。

品类定位：确定新品类的边界

在竞争激烈的今天，任何市场都是最先进入者获得最大的收益，因此，开创新的品类成为打造新品牌的捷径，依靠品类需求的力量引爆品牌力量，驱动品牌成长，能够有效地助力品牌快速发展。

品类定位则是通过解决如何定义品牌身份和究竟要为消费者提供什么样的核心价值这两个战略层面的核心问题，来确定新品类的边界，为消费者打造清晰的品类认知形象。

近几年，在竞争激烈的笔记本行业，"E人E本"品牌脱颖而出，它以商务办公人员为目标客户群体，成功地开创了"商务手写电脑"的新品类。由于商务办公电脑市场一直是一个需求巨大的市场，所以品类的需求非常旺盛，这也就保障了品牌旺盛的爆发力，企业只需要把"E人E本"这个品牌与商务手写电脑这个新品类进行捆绑连接，那么"E人E本"品牌会很容易占据消费者的心智。

饮料行业的"六个核桃"品牌，率先开创了"补脑饮料"的新品类定位，以"经常用脑，多喝六个核桃"为品牌诉求。补脑饮料品类的旺盛需求推动"六个核桃"品牌发展，很快就得到大量消费者认可。

1）品类定位的方法

品类定位首先要从战略层面切入，以消费者的需求分析和需求变化趋势分析为基础，并全面深入地考量行业竞争格局，再结合企业自身能力优势，洞察企业的发展机会，根据把握机会的需求来进行品类的价值定位。

确定了品类的价值定位以后，就从品类传播的角度考虑，根据消费者的接受特点来进行品类概念的提炼，从而占据消费者的心智、获得消费者的认可。在品类概念提炼的过程中要注意尽可能地简单、具象，还要能够体现消费者的需求、利益和价值。

2）如何界定新品类是机遇还是陷阱？

开创一个新品类往往需要投入大量的企业资源，如果品类创新成功了，企业可能会取得巨大的收益，创造一个品牌传奇；如果品类创新失败了，则会让企业蒙受巨大的损失，甚至会威胁到企业的生存。

```
市场中是否存在真正需求
        ↓
新品类是否符合消费者的生活习惯
        ↓
新品类的概念传播是否清晰
        ↓
新品类的定义是否与消费者的既有认知相吻合
```

如何界定新品类？

那么新品类的边界在哪儿呢？我们可以从以下四点来衡量新品类：

★市场中是否存在真正需求？

很多企业进行品类创新时，习惯于从企业本位角度出发，追求某一方面的产品创新或是单纯的概念创新，希望通过命名开创新的领域，却没有充分考虑消费者是否有这样的需求，最终陷入了品类创新的陷阱。

娃哈哈的"啤儿茶爽"，投入了几亿元的广告费用，在全国获得了很高的认知度。然而喝茶的人和喝酒的人都追求口味纯正，而这款像酒不是酒，似茶又非茶的饮料，很少有消费者喜欢，于是背景雄厚的"啤儿茶爽"，最终只能惨淡收场。

因此，企业在进行品类创新时，一定要基于消费者的现实需求和潜在需求，用心打造消费者真正需要的品类，这样才能够获得消费者的认可，创造一个有价值的品类。

★新品类是否符合消费者的生活习惯？

品类分化一直是品类创新中常见的方式，有时是通过技术创新或需求细分，有时则是简单的改变产品外在形态或使用方式，来开发新的品类。比如，香飘飘将珍珠奶茶从街边奶茶店转移到工厂，装进杯子里，一年就卖出七亿多杯。然而如果品类分化与人们多年的生活习惯相冲突时，反而可能会形成消费障碍，让企业步入品类创新的陷阱。

快节奏的生活下，都市人群对方便食品的需求巨大，美国金汤宝有限公司旗下的史云生品牌，顺应趋势推出了汤罐头。在中国，人们的确把喝汤看成是一种很好的生活习惯，然而中国人煲汤都讲究小火慢炖，没有人愿意喝隔夜汤。工业化生产出来的"汤罐头"与人们的生活习惯是背道而驰的，也就不可能取得市场成功。

★新品类的概念传播是否清晰？

品类创新需要以消费者的需求为出发点，在信息大爆炸的时代，人们的心智资源变得相对稀缺，企业要想把握好品类创新的机遇，在进行新品类的概念传播时，必须做到概念界定清晰，表述精确，易于理解，向消费者传达清晰且易于感知的利益，只有这样才能让新品类的概念迅速占据消费者心智。而模糊的品类概念界定和模棱两可的表述，则会让消费者不知所云，也很难认识到新品类的价值。

★新品类的定义是否与消费者的既有认知相吻合？

消费者在建立对新品类的认知的过程中，是以自己既有的认知和常识为基础的。企业在进行品类创新时，需要深刻地分析消费者的基本认知，只有借力消费者的既有认知才能更容易地让消费者接受新品类。而如果只是站在产品的角度，强行挖掘新概念，违背消费者的既有认知强行推销，是很难打动消费者的，也必然会陷入品类创新的陷阱。

价值定位：区隔与不竞争

价值定位就是要在分析顾客的需求和行业竞争格局的基础上，选择企业的目标客户群体，结合企业的能力优势，提出有竞争性的价值主张，为顾客提供能够满足他们独特偏好的产品和服务。

企业进行品类创新的目的，就是要开创商业的蓝海，改变固有的竞争格局。因此企业在进行新品类的价值定位时，要从功能价值、体验价值、信息价值和文化价值四个维度来分析，结合企业的能力优势，为客户提供与竞争对手形成差异的醒目的具有优越性的价值。

新品类的价值定位，应当是竞争对手无法提供或不能超越的，这一定位要与竞争对手形成竞争区隔，阻碍其他竞争者进入蓝海，达到不竞争的状态，以保障企业的品类创新能够获得最大的收益。

一家经营高级润滑油的企业，过去与自己的很多同行一样把"高质量"作为企业的价值定位，效益一直不是太理想。后来这家企业对自己的顾客进行了认真分析，发现其顾客主要是大型设备的使用者，顾客最大的期望是设备能够正常运转，少出故障。

于是，这家企业改变了自己的经营方式和定位，它宣称："如果使用本企业润滑油的设备，因为润滑油的原因出现故障，本企业将为顾客承担损失。"从而把自己的价值定位由"高质量"转化成了"服务保险"，获得了顾客的认可，取得了巨大的成功。

品牌的打造是一个语言翻译与解读的过程

品牌打造的过程实质上就是将产品的专业语言翻译成消费者语言的过程。

不同的消费者所能接受的品牌语言也是不同的，由于很多区域语言难以与全国的消费者产生共鸣，导致很多区域色彩太浓的品牌无法成长为全国性的品牌。

消费者能否快速理解企业的品牌语言，是衡量品牌传播成功与否的关键因素。因此企业在品牌传播的过程中，应当认真分析不同类型的目标受众的品牌语言解读习惯，把专业的品牌语言翻译成目标受众易于理解的语言，只有这样才能让企业的品牌理念迅速占据消费者心智，获得消费者的认可。

而品牌价值在传递给消费者的过程中，需要解释的内容越多，品牌越难崛起。因此企业在做品牌"翻译"的过程中，品牌的核心价值要尽量选择大众消费者固有认知中的"信号词和信号语"。

例如凉茶"去火"的价值，凉茶本身是区域色彩较为浓厚的产品，"去火"的概念则是大众消费者固有认知中的"信号语"。品牌价值对于消费者并不需要任何的"教育"，而消费者同样不需要"解读"就能直接接收品牌的信息。这样的做法，会让品牌在任何时间传播都能达到最佳的效果。

差异化定位战略：
明确品牌价值主张，建立持续竞争优势

众所周知，差异化对营销和品牌来讲有着至关重要的作用，没有差异化的营销一般都会走向灭亡。企业采用差异化营销策略，可以满足不同消费者的个性化需求，使各个子市场的营销潜力得到最大程度的发掘，有利于企业扩大市场占有率。

然而，真实的现状是国内大多数企业都在进行同质化竞争，有的企业因为缺乏先进的技术所以无法实现差异化。营销策划公司往往认为，企业开展营销

并不是卖实体价值，而是卖感知价值，也就是说只要能让消费者对产品和品牌的感知价值发生变化，就实现了差异化。

许多企业不能实现品牌的差异化，很大程度上与没有扩展差异化的维度有关，那么对品牌来说应该如何对产品进行精准差异化定位呢？

个性化的品牌核心价值

品牌的核心价值是消费者能够从品牌中获得的主要利益，是刺激消费者产生购买欲望的主要因素，同时品牌的核心价值也应该是品牌联想中能够让消费者印象最深刻，并且极易联想到的品牌信息。

品牌的核心价值既包括功能性的利益，也包括精神价值。

比如在舒肤佳的广告语中，"舒肤佳含迪保肤成分，有效去除细菌"可以为消费者带来一些功能性的效用；宝马的广告语中"宝马的潇洒、高雅和身价不凡"就体现了一种精神价值，可以满足消费者在精神层面的追求。

如果品牌的核心价值能够成为品牌联想中最有影响力的部分，就可以为品牌占领市场提供最有力的力量。比如舒肤佳品牌联想中的"除菌"功效推动了舒肤佳品牌的发展，提高了市场占有率，同时也使其成为了香皂市场的第一品牌。

独特的产品特性

一般来说，如果品牌的核心价值是功能性的利益，那么其核心价值就是产品特征的一部分，比如，宝马的核心价值"优秀的操作性能"就是其产品特征的一部分，也有的产品特征不是品牌的核心价值。

比如高露洁牙膏的外包装、膏体的颜色和细腻程度等都不是品牌的核心价值，只有"有效防止蛀牙"才是其核心价值。但是这并不代表高露洁的其他一般特征对品牌没有价值，对产品一般特征的联想对品牌的发展也有一定的意义，比如高露洁细腻的膏体也是消费者在做出购买选择时需要考虑的一个因素。

品牌联想中的产品的特征应该是独特的，能够吸引消费者的，而且是其他同类竞争者所没有的。

声望感和领先感

所谓的声望感和领先感就是指消费者在联想中对品牌的整体评价，包括产品的质量、品牌的技术含量以及品牌在整个行业中的领导地位。

在生活中大家经常会碰到一种非常有趣的现象，有A、B、C三个品牌的同类产品，A的价格最高，消费者在做出购买选择的时候并不了解每个品牌在消费者利益以及产品具体特征上的区别，也说不出A品牌到底好在哪儿，但是他们却更倾向于去购买A品牌，因为与其他两个品牌相比，A品牌拥有更高的声望感和领先感。

比如说Zeiss太阳镜之所以能够以高出其他品牌很高的价格出售，与其作为光学领导者的声望有着直接的关系。这种声望也是Zeiss在常年追求新技术和高品质的基础上逐渐积累起来的，创新的技术和卓越的品质使其成为消费者眼中工艺上的技术先锋，但却鲜有人知道这个品牌的眼镜好在哪里。

同样的情况在索尼品牌中也出现了，消费者对索尼彩电的认可并不是因为其特有的特丽珑显像管的技术细节。海尔品牌最开始是做冰箱和洗衣机的，后来又将其业务范围扩展到了热水壶、电吹风等小家电以及燃具领域，海尔并没有为这些新增业务投入多少广告费，却仍然让一大批消费者趋之若鹜，并且不惜掏出更高的价钱，正是因为海尔品牌在经营过程中积累的声望感和领先感足以让消费者对这个品牌的产品信服和认可。

因此，企业在进行品牌营销的时候一定要注意培养和建立品牌的声望感和领先感，这要比单纯地宣传产品的细节和特征更吸引消费者。

清晰的相对价格

消费者的购买力是影响消费者做出购买决策的关键因素，因此，了解品牌的相对价格可以让消费者决定某些品牌是否列入选购名单，在一定程度上帮助消费者减轻了信息搜集的工作量。当了解登喜路价格的人越多时，穿这个品牌服饰的人感觉也会越好。

对企业来说，像登喜路、海尔这样的品牌是具有极高诱惑力的，因为它们往往都是高利润率的象征。但是想要成为一个高溢价的品牌，获得更高的利润，不仅需要有极高的声望、卓越的品质，还要有积淀的品牌文化内涵和精神价值。

使用方式和场合

雀巢咖啡最开始适合在温馨的场合饮用，后来又在写字楼里盛行；柯达200最适合拍夜景；在迪厅和酒吧里喝太阳啤更有氛围……

对许多品牌而言，使用场合的联想是品牌中最有价值的资产。消费者在家里喝蒙牛酸奶，但是一旦身处高档餐厅，就会产生妙士牛奶更适合在高档餐厅饮用的联想；而如果身处酒吧，人们则会选择畅饮科罗娜啤酒。

目标消费者和目标消费者心目中的理想人格

如果品牌能够与目标消费者联系起来，那么就可以增加目标消费者对品牌的归属感。如果消费者对品牌的使用对象的联想跟自己正好接近时，便会增加购买的可能性。

就像百事可乐，倡导的是活力、个性和激情，这正是年轻人的标签，因此相对于其他消费群体，百事可乐更容易获得年轻人的追捧和青睐；奔驰品牌适合成熟稳重、略微保守的商界成功人士；沃尔沃适合比较低调、能力超群的知识型精英……

一般而言，品牌定位的使用者的形象要比目标消费者略高一个层次，我们将这种使用者的形象称之为"理想型人格"。当品牌定位的使用者形象是消费者心目中的理想型人物的形象时，消费者购买品牌买的就不仅是产品，更是一种对梦想的满足。

但是品牌强大的目标消费者联想也会阻碍品牌目标市场的扩大，鱼与熊掌不可兼得。随着市场供过于求的日益严重和品牌之间的竞争越来越激烈，品牌只有牺牲对目标市场的扩大，通过选择特定的目标消费群，让产品满足消费者日益个性化的需求，从而增强消费者对品牌的归属感，提高品牌在细分市场的竞争力。

认同与敬仰的生活方式与个性

如果品牌代表的生活方式与目标消费者的生活方式很接近，或者是目标消费者非常赞同和认可品牌所倡导的生活方式，那么就会大大增加目标消费者选择这个品牌的可能性。"人往高处走"，人们都喜欢追求一种高品质的生活方式。

"梦幻魅力，舍我其谁"，夏新推出的几款手机以其精致的外观和出色的品质，引得一众年轻男女为之尽折腰，也成为追求精致生活的消费者的首选；金娃果冻致力于为孩子提供健康的食品，是关心孩子健康的父母们理性的选择；宝马倡导潇洒、洒脱的生活方式，是一众年轻群体的选择……

产品类别——成为品类的领导者

人们一提到哈根达斯，就会想到这是绝无人工香精的冰淇淋的代表；一提到联想，就会想到这是电脑的代表；一提到汇源，就会想到这是纯天然果汁的代表……

这些品牌已经成为产品类别的代名词,这不仅可以帮助品牌进一步稳定在这一领域的地位,同时也可以为其他品牌进入这一领域增加难度,降低竞争的激烈程度。对有些品牌而言,品类占位是一种重要的品牌资产,比如喜之郎就代表果冻布丁、Thinlepad 就是高档商务电脑的代表。

与竞争对手的比较差异

品牌建立后必然要与竞争者一比高下,因此品牌联想中如果能够反映出比竞争者明显的优势,会给品牌增分不少。

比如海飞丝与其他品牌相比,去屑功能就是其强大的优势;丽思卡顿酒店与其他酒店相比服务更为周到和细致;索尼的显像管技术在整个行业中处于最前沿的位置;飞利浦彩电在集成电路方面的优势无人能敌……

品牌如果能在以上九个方面进行精准差异化定位,必然能在未来的发展道路上披荆斩棘,突破重重障碍,在激烈的市场竞争中脱颖而出。

品牌命名策略:
好名字是品牌成功的一半,让品牌会说话

品牌的名字是品牌传播的重要部分,很大程度上决定了消费者对品牌的初始认知。成功的品牌命名,会帮助企业表达出很多信息,引发消费者对品牌的好感,还有利于品牌的迅速传播,而失败的命名将会给企业品牌宣传带来重重阻力。

如同人的命名一样,品牌名称一旦确定,轻易不容更改,所以企业必须慎重对待品牌的命名,务必为品牌取一个贴切而容易流传的名字。

便于消费者记忆

无论在产品的包装、海报、广告里，还是在媒体宣传、商场推销活动中，品牌的名称都会频繁、反复的出现，进入消费者的视线和耳朵。如果消费者记住了品牌的名字，那么这些广告、促销信息就会在消费者的头脑中交汇串联在一起，形成一个整体的形象。如果品牌的名称没有被消费者记住，那么这些营销信息就无法让消费者形成整体的印象，品牌宣传也就事倍功半。

所以，记忆度是品牌命名过程中至关重要的衡量标准，一个听到一次就能够让消费者记住的名字对品牌来说的确是加分不少。所以在品牌命名的过程中，企业首先应该考虑的是在消费者脑海中提取固有的词汇，我们可以将其称之为"信号词"。例如这些耳熟能详的名字"苹果"、"奔驰"、"阿里巴巴"等，我们在听到的第一时间，脑海中不需要思考就能清晰地浮现具体的形象。

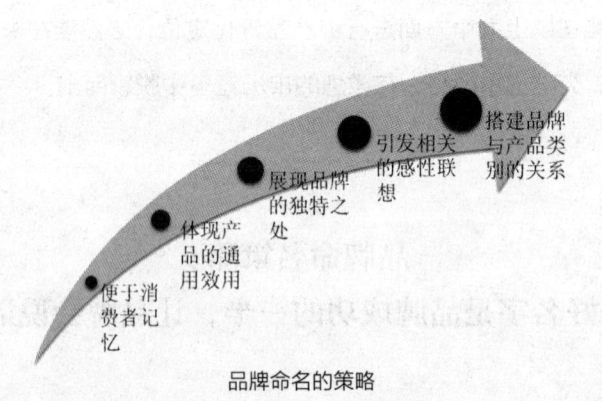

品牌命名的策略

"Polo"是大众汽车旗下一款经济型小轿车品牌，在品牌推广过程中，Polo在电视、报纸和现场活动等各个渠道中频繁出现，各种各样的品牌信息密集地出现在消费者的生活中，结合Polo这个简洁灵动的名字，在消费者脑海中组装成一个生动的整体，从而留下强烈的印象。

为了让消费者记住自己的品牌，企业在给品牌命名时不但要贴切、易懂，还必须避免雷同，比如牛排快餐品牌"豪客来"，就凭借其通俗易懂的品牌含义给人留下深刻的印象，而听起来类似的"豪佳香"就做不到这一点，不利于品牌传播。

有的企业为了避免流于俗套，在给自己的品牌命名时不惜选择一些听起来很奇怪的名字，这样的名字确实容易让消费者记住，甚至引发大范围的议论，从而有助于品牌更迅速的传播开来，然而这些关注只是暂时的，从长远来看并不能给品牌传播带来很大的帮助，而且有时候还可能会带来风险。

曾经有一个止腹泻的药品被命名为"泄停封"，由于与明星谢霆锋发音相同，很快引起了人们的关注。然而，厂家期待中的销售火爆场面并没有出现，因为消费者虽然记住了这个名字，但是对厂家的命名动机产生了负面联想，甚至对厂家的品德产生了怀疑，所以对这个品牌产生了抵触心理。

体现产品的通用效用

品牌的名称应该能够体现产品的通用效用，也就是说，能够体现该品类商品共通的属性和功用，让消费者通过品牌的名称就可以清晰地知道这种产品是干什么用的。这种命名方式针对的是产品所属的整个品类，并不是针对某一品牌，目的是促使消费者产生品牌与功用之间的联想，这样，消费者一产生对某种功用的需求，就能立刻想到某个品牌的名称。

止咳药品牌"咳速停"的命名充分体现了同品类产品的通用效用，即快速止咳，消费者很容易将这个名字与咳嗽联系在一起，每当遇到止咳需求，就很容易联想到这个品牌。而同类止咳药品"急支糖浆"的命名就不能达到这种效果，消费者听到这个名字只能联想到急性支气管炎，不会直接联想到咳嗽。

面向商务人士的个人掌上电脑品牌"商务通"，在掌上电脑品类市场一直享有极高的知名度，因为这个名字可以让人直接联想到它的用途，所以在品牌传播方面非常成功。

但这种命名策略也有一定的局限性，只适用于消费者不太熟悉的产品品类，而且也没有体现产品的功用。等到产品跻身为该品类市场的主流品牌，这种命名策略起到的作用就会逐渐淡化。

展现品牌的独特之处

品牌命名可以选择体现产品的通用效用，也可以反其道而行，强调品牌与同品类的不同，通过这种方式来实现品牌的定位。

企业可以从产品自身的特性或者目标客户的特性出发，体现品牌的与众不同。比如产品本身具有什么独特的成分或者功能、风格，目标客户群体局限于什么年龄层次或者性别、有什么特殊的喜好和价值观，或者有怎样与众不同的生活方式等等，都可以成为这种命名策略的着力点。

房地产行业经常会使用这种命名方式，每个房地产项目的名称通常都暗含着该房产项目的一些特性，比如"大学城"的名字就说明该项目所处地段距离高校很近、"大唐世家"突出了该项目的建筑风格采用了仿唐设计、"XX花园"意思是该小区景观很好，植被覆盖率高、"XX小镇"则说明该房产项目规模可观，像个小小的城镇。

有的房产项目则会将目标客户的特性表现在项目名称中，用这种方式来迎合目标客户群体的喜好，比如面向小夫妻的会采用温馨浪漫的名称如"爱情公寓"、"温馨家园"，面向商户的商业用房更适合强调财富如"黄金大厦"、"兴业广场"，面向单身群体的公寓项目命名时最好突出年轻人的个性，比如"非常宿舍"、"自由港湾"等等。

引发相关的感性联想

我国传统文化中对于感情的表达一直是含蓄的、内敛的，这也是我国文化的明显特点，很多企业在给自己的品牌命名时也喜欢选择一些含蓄的名称，并且将美好的愿望寄予其中，这样的命名方式也可以表现产品的效用、特点，引发消费者相关的感性联想，给消费者留下亲切的感觉。

我国方便面市场的龙头老大顶新集团在刚刚进入北方地区时，将旗下的方便面品牌命名为"康师傅"，康意味着健康，师傅是北方地区常用的称谓，二者结合在一起很容易让消费者对品牌产生亲切感，在后来力压"华丰"、"华龙"等同类品牌成为行业老大的过程中，"康师傅"这个成功的命名也起到了一定的作用。

酒店是旅行者们休息的港湾，梦想中的圣地、浪漫的经历是旅行者们追寻的目标，对旅行者而言，马可波罗描绘的"香格里拉"就是旅行圣地的代名词，为了迎合旅行群体的这种期望，很多酒店都命名为"香格里拉"。

搭建品牌与产品类别的关系

在人们的记忆方式中，品牌总是与产品类别联系在一起，比如"诺基亚"手机、"丰田"汽车、"三星"电子、"海尔"家电等等，人们总是习惯性地将品牌归类，而具体将哪个品牌归于哪个品类，往往受到企业品牌命名和宣传策略的影响。

企业在为品牌命名的过程中，会有意识地引导消费者将品牌归到企业希望的那一类别中，这种策略主要有三种，分别是类别代表、类别关联与类别脱离。

1）**类别代表**

这种策略就是让品牌成为该产品品类的代名词，让消费者误以为品牌的名字就是该品类的名称。

这种策略只适用于新兴品类的产

搭建品牌与产品类别关系的策略

品命名，公众对于这种品类还没有清晰的认知，同时企业能够确保在市场发展壮大之前成为行业龙头，这个时候，企业就可以采用这一策略误导消费者。

在具体执行过程中，企业首先要为品牌取一个看起来像一个产品类别的名字，而且这个名字需要尽量表达出产品的通用效用，然后在市场早期迅速进行大规模的品牌宣传，在其他品牌发展甚至出现之前打响知名度，在所有的宣传环节突出品牌名称，尽量淡化产品类别，同时，企业还需要提前抢注所有类似的名称，杜绝别人模仿。

商务通是掌上电脑品类的领军品牌，它采用的命名策略就是类别代表法。恒基伟业是我国最早进入商务类掌上电脑市场的企业，面对还没有竞争对手的崭新市场，恒基伟业为自己的品牌取名商务通，直白地表明产品的通用效用，使它看起来像一个产品类别的名称。然后通过铺天盖地的广告攻势迅速打响品牌知名度，并有意识地避开产品品类的宣传，同时还注册了大量的相似名称，避免了后来者的模仿。

当时，商务通确实成了掌上电脑品类的代名词，几乎占领了该品类的全部市场份额，甚至很多消费者至今还认为商务通就是商务类掌上电脑这一品类的名字。

2）类别关联

如果品牌进入某个产品品类的市场时，市场内已经有了成熟的品牌，这种情况下，品牌常常会选择借势，通过使用与成熟品牌相关的名字，将自己的品牌与成熟品牌关联在一起，借助成熟品牌的影响力促进自己品牌的推广，这种命名策略就是类别关联。

这种命名方法只适用于同类别产品的品牌，而且被关联的品牌必须在这个市场中取得了绝对的权威地位。通过这种命名方法，品牌将自己置于与权威品牌同等的位置，暗示消费者将两个品牌放在一起进行比较，进而分割权威品牌的市场份额。

上世纪 90 年代，统一与康师傅推出了茶饮料，当时茶饮料市场已经是旭日升"冰茶"的天下，后进入的统一与康师傅就采用了类别关联策略，将自己的产品命名为"冰红茶"、"冰绿茶"，与旭日升"冰茶"关联在一起，暗示消费者它们都是类似的产品。

"吉利"汽车在进入经济型轿车市场时也是这样，当时"夏利"汽车已经是同品类市场的成功品牌，消费者对"夏利"汽车的认可度较高，追随"夏利"脚步的"吉利"汽车就采用了这个名字来表明二者相关。

《千万不要学英语》曾在英语辅导市场获得了很高的人气，不久之后，这个市场又出现了一本《千万要学英语》，凭借与前者相似的书名迅速吸引到了大量的关注，不知道的，还以为是前本书的姊妹篇。

3）类别脱离

类别脱离策略也是后期进入市场的品牌常用的命名方法，强调与同品类的先期品牌不同，标榜自我个性。

采用这种命名方法的品牌，产品本身与同品类产品并没有本质差异，但是在包装、广告等品牌推广的各个环节极力表达自己与众不同，故意在消费者面前营造出一种不同于同类产品的另类形象。

2002 年，养生堂公司推出了一款新的苹果汁饮品，取名为"农夫 C 打"。这个完全不同于其他果汁品牌的名字，来源于某种流行于欧洲上流社会的饮料，通过这个名字，"农夫 C 打"将自己区别于苹果汁产品类别之外，在包装上选择了酒品市场常见的啤酒瓶，在宣传上，则强调这款苹果汁的外观跟啤酒一样，具有金黄的色泽和丰富的泡沫，是不含酒精的酒，号称可以为不喝酒的人营造出喝酒的感觉。

从命名到宣传的各个环节，"农夫 C 打"都一直强调自己与其他苹果汁饮品不同，是一种新类别的饮料。

用这种命名方法的品牌走的是差异化竞争的路子，在品牌命名时就刻意回避同品类的品牌，加上完全不同的品牌营销，避免与同品类的其他品牌比较，用差异化的竞争为自己开辟出新的发展空间。

这种命名策略要求品牌营造出明显的差异化特点，并且在宣传方面要大规模的投入，因为开辟一个新的产品类别很不容易，争取消费者的认同就更加困难，只有通过大规模的宣传攻势才有可能做到。

品牌个性 VS 广告创意：
如何通过广告精准传递品牌价值？

品牌个性，又叫品牌人格，体现了品牌所特有的人格特征。近年来，品牌个性已经成为营销学、心理学研究领域的焦点之一。

广告创意是指通过独特的技术手法或巧妙的广告创作脚本，突出体现产品特性和品牌内涵，并以此促进产品销售，简单来说，就是通过大胆新奇的手法来制造与众不同的视听效果，最大限度地吸引消费者，从而达到品牌声浪传播与产品营销的目的。

广告创意的方法有很多种，表现手法更是五花八门，如何在广告创意中体现品牌个性，打动消费者，促进产品销售，是视觉设计中所要研究和探讨的主要问题。要探讨这个话题，首先要从品牌说起。

什么是品牌？

品牌相当于一个形象标签，是品牌属性、名称、包装、价格、历史、声誉、广告方式的无形总和，它代表了消费者对产品及产品系列的认知程度，其核心在于与目标消费者在精神层面的沟通。品牌的种类很多，包括消费者品牌、公司品牌、金融品牌、服务品牌、高科技品牌，甚至国家品牌。

品牌与产品之间有着紧密的联系，但二者完全不对等，拿可口可乐来说，可口可乐是一个知名的饮料品牌，其品牌价值高达七百多亿美元，是无形资产，也是产品价值的主要部分，品牌是消费者对产品的一种抽象感受，可能包括个性、信任、可靠、信心、朋友、地位、共享经验等等；而产品，就是喝到嘴里的液体，是工厂生产的有形物品，也是给消费者提供使用价值的部分。

不同的品牌会给消费者留下不同的印象，比如劳力士代表了华贵、奢侈，海尔的背后是真诚、无微不至的服务精神，提到法国人们就会联想到浪漫、时尚……这些不同的特点就是它们的品牌个性。

什么是品牌个性？

不同的人个性不同，有的暴躁，有的温柔，有的稳重，也有的活泼，这个人开放，那个人保守……品牌也与之类似，拥有丰富多样的个性，这些个性构成了品牌形象的骨架，创造了品牌的形象识别，也使品牌可以实现人格化。品牌个性大概可以分为 5 个大的类别：

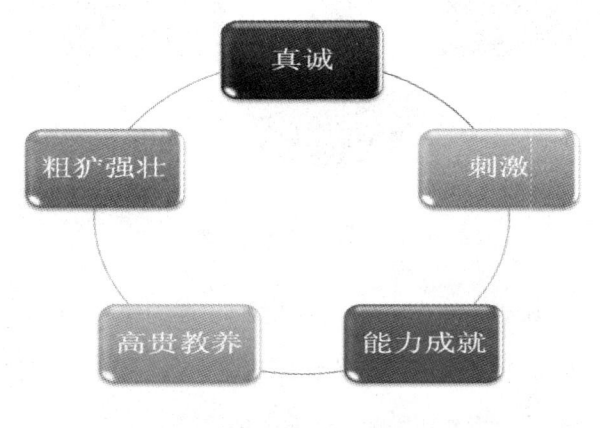

品牌个性的 5 大类别

真诚：纯朴、诚实、有益、愉悦；

刺激：大胆、活泼有朝气、富有想象力、新潮现代感；

能力成就：可信赖、聪明有智慧、成功；

高贵教养：上流阶层、迷人、气质高雅；

粗犷强壮：户外运动、强韧。

这些个性都可以看作是企业通过品牌传播赋予品牌的一种心理特征，它们的来源主要是消费者对品牌的联想、企业塑造的形象、产品相关的属性。

品牌个性怎样帮助我们进行广告创意？

创办于1853年的李维斯，是公认的世界知名牛仔品牌，旗下最经典的501系列具有鲜明的品牌个性：浪漫、性感、叛逆、体魄健壮、聪明、独立、喜欢受崇拜。李维斯将这些个性融入到了各种形式的广告创意中，比如"独立不孤立"的广告词，摇滚乐手、街头风格的模特，在画面风格上也明显传达了性感、叛逆、独立等品牌个性，所有的广告全部围绕这些个性完成。

品牌个性定位的3点基本要素

李维斯的例子，说明品牌个性对广告创意有重要的作用，可以说，品牌个性是广告创意的中心，每一则广告都必须围绕品牌个性来创造。品牌个性的定位要经过复杂的调研和分析才能确定，但通常是依据以下3个原则进行的：

第一，产品自身的优势、特点；

第二，企业的品牌内涵；

第三，目标客户群的需求。

市场上经典的广告，无不是从这几个方面出发，在广告创意中成功体现出品牌个性的。

★ 专注产品自身特点的广告创意

这类操作比较适合于本身具有鲜明特性的产品，这样，广告创意可以直接展示产品，这类广告中最具代表性的案例就是哈雷摩托。

由于哈雷摩托本身个性鲜明，无论是粗犷流畅的车型、令人目眩的色彩，还是独一无二的摩托骑士服、老鹰的商标，无不在叫嚣着对自由大道、原始动力和美好时光的追求，所以产品本身就能够为产品代言，广告选用无数的机车部件组合成人物画面，表达了"哈雷摩托的个性塑造了你的形象"。

★ 表现企业品牌内涵的广告创意

如果企业品牌具有悠久的历史感，或者倡导比较先锋的文化主题，那么就可以选择体现品牌内涵的广告创意。

美国的流行时装品牌贝纳通的广告可谓是服饰广告中的奇葩，贝纳通具有深厚文化感的品牌内涵，它强调种族和谐，试图超越性、社会等级和国别，它通过"色彩联合国"的广告创意将这样的品牌内涵表现出来。贝纳通的广告几乎不涉及任何产品信息，像公益广告一样专注于表达品牌涵盖的主题。

★ 通过抓住消费者心理需求的广告创意

化妆品品牌最喜欢采用这类方式，它们利用消费者对美的渴求，启用年轻漂亮的明星为品牌代言，向消费者灌输"该产品是明星保持美丽容颜的秘密武器"的理念，消费者潜意识里会认为如果用了这款化妆品，自己也会像明星一样漂亮，从而愿意为产品买单。

如何选择正确的产品氛围来完成你的创意?

广告创意确定以后,还要将它恰当地表达出来,而广告创意的表达就牵扯到了产品氛围,就是在平面广告设计中使用的与产品有关的表现元素,包括色调、构图、场景、人物、特殊视觉符号等等……这些元素的使用都是为了更准确地传递产品信息,以及更好地塑造品牌形象。

举例来说,越野车动力十足、马力强劲、四轮驱动、能适应各种地形路况,这些特点都是其他车型所不具备的,是越野车独有的。在越野车的广告设计中,应该将这些特点着重表达出来,为了表达这些特点,就需要为越野车塑造相匹配的产品氛围,比如崎岖坎坷的地形、泥泞的道路、人迹罕至的荒野等。如果没有这样的产品氛围,那么越野车的这些优势将完全被掩盖。也正因如此,但凡成功的广告,在设计中都有匹配的"产品氛围"。

产品氛围的塑造,要从产品自身的特点出发,同时要满足目标客户群体的心理需求。经历了大量的实践之后,产品氛围的塑造也有了一些固定的套路,比如表现古老历史感的氛围塑造,一般会选用黑白色调、古老年代的场景等怀旧元素;如果要表现奢侈、尊贵的氛围,则可以选择金色、银色、宝石等元素符号;如果要表现干净、纯洁,更适合用浅色调、清澈的水流等元素。

让广告更"精准":
互联网时代,互动营销是品牌营销的主角

在过去的十几年,中国互联网产业经历了迅猛的发展,取得了举世瞩目的成果,不但互联网用户的数量经历了爆炸式的增长,互联网广告产业也蒸蒸日上,创新型的广告形式不断推出,广告容量也屡刷新高。

2014年，由于世界杯赛事的影响以及移动商业化的推进，中国互联网广告市场规模达到1565.3亿元，较2013年增长56.5%。在全球市场，互联网广告产业也保持着非常强劲的增长势头。2014年美国的互联网广告收入达到428亿美元，首度超过了广播电视广告收入。

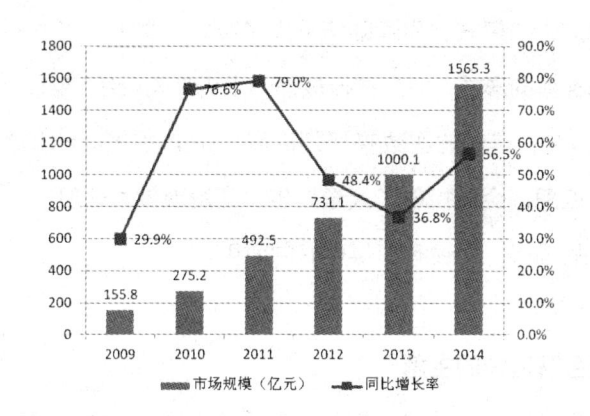

2009—2014年中国互联网广告运营商市场规模[1]

网络广告创新下的尴尬

随着互联网的强势发展，越来越多的企业将营销阵地从传统报纸、电视转移到了线上市场，而互联网也为这些企业提供了更丰富的广告形式。

互联网广告发展的初期，企业投放的广告集中在新浪、搜狐等门户网站，广告形式以文字、图片、Flash为主；之后，百度、Google等搜索广告后来居上，以关键词竞价排名、网络广告联盟、窄告和文中广告等多种嵌入式广告分流了门户网站的广告流量。

在繁荣的表象之下，互联网广告产业也暴露了许多问题，拿点击付费广告来说，这种广告形式以点击次数计费，广告每被点击一次，企业就需要向网站

---

[1] 数据来源：易观智库

缴纳一次费用，但是大多数的点击都是无效的，因此很多企业控诉点击广告存在欺诈行为。除此之外，互联网广告市场还充斥着广告插件、数据造假等恶意营销方式。

互联网广告市场的这种尴尬局面，追根究底是因为互联网广告没有从根本上跳出传统广告的模式，尽管陆续推出了窄告、文中广告、视频广告、通话付费广告等多种新的形式，但是在投放操作上仍然与传统广告一样，大规模投放，按照网站的 PV、点击的次数来评判价值，完全没有互动体验，广告与受众之间没有精确匹配，企业投放了大量广告，却发现效果一般。互联网给广告客户提供了更多的选择，却没有提供更好的效果。

互动营销是品牌营销的主角

随着社区、空间、社群、视频等产品的出现，互联网进入 Web2.0 时代，互联网用户除了浏览信息外，开始越来越主动地创造内容，与其他用户进行热烈的互动和分享，在这个过程中，网民的价值需求得到最大限度的释放，这也为品牌营销提供了新的视角。

品牌营销的目的显然不仅仅是谋求曝光率和点击率，互联网最大的特点就是互动和分享，因而互联网上进行的营销也应该体现出互动、分享的特点，否则，只是单纯地将广告从传统的报纸和电视转移到互联网上，就完全抹杀掉了互联网的优势。

从前，品牌与消费者的互动发生在购买、售后、体验环节，而互动营销却是全方位围绕品牌内涵、品牌文化展开，也是企业选择互联网广告的根本原因。企业希望通过互动营销的方式，充分利用互联网的优势，实现与用户之间顺畅的沟通。在企业的互动营销中，互联网需要创造不同的产品组合，针对不同品牌和目标群体，进行个性化、分众式的传播。在这样的广告传播模式中，广告与内容的边界模糊不清，广告受众不再单纯地扮演旁观者的角色，他们主动参与、积极分享，互动营销变身为一种主动式的体验和分享，是品牌与消费者之间的互动。

互动营销尚缺乏衡量标准

互动营销深刻地体现了互联网的特点，这种广告形式不再停留于表面印象，而是通过与用户之间的互动、分享扎根到用户心中，大幅度提高用户的忠诚度和品牌黏性。

但是，尽管互动营销的效果更好，但其毕竟是一种新型的品牌营销模式，没有可供复制的样本，也没有既定的格式，更没有形成统一的体系，它的效果也没有办法按照传统营销模式中的流量、点击等指标进行衡量，很难得到客户的认可。

互联网公司的营销经验大都是传统营销模式，很难颠覆；再者，互动营销强调的是互动、分享，不是所有的网站都有能力进行互动和分享，这就使得互动营销的施行更加不易。因此，只有具有一定实力的互联网企业才可能顺利地开展互动营销。

腾讯是互联网公司巨头，覆盖了全国95%以上的上网人群，它旗下拥有QQ空间、QQ群、QQ直播、QQ电台、QQ吧、QQ视频、QQ秀等多款互动产品组合，还有直达用户桌面的QQ客户端，这些都是其他门户网站所不具备的，像这样的互联网公司更容易在互动营销方面有所突破。

2007年，腾讯推出了MIND营销理念，分别从可衡量效果营销、互动式体验、精准式导航、差异化品牌诉求四个方面对在线互动营销的特点进行了归纳总结，为互联网营销提供了一个可借鉴的方向。

围绕MIND营销理念，腾讯先后与多家企业合作，推出互动式品牌营销活动：

为可口可乐品牌打造了3G秀炫酷特区，吸引了超过1000万的网民在可口可乐品牌俱乐部中进行交流和分享，大幅度提高了可口可乐品牌的影响力；

在 QQ 空间为农夫山泉搭建了"梦幻爱情世界"，用户购买农夫山泉产品即可在此空间参与积分兑奖、上传照片、博客秀等活动，使农夫山泉在将品牌内涵融入茶饮料的同时，还实现了至少 400 万人次的产品销售；

在为 Polo 做的品牌营销中，腾讯推出了"都市生活劲情爆"的主题活动，展示了从吃到乐全方位的乐趣 Polo，有效的向网民传达了 Polo 的品牌内涵，为品牌带来了 500 万流量……

在互动营销的概念刚刚兴起的时候，很多企业觉得互动营销具有很大的随机性，开展互动营销的品牌不同、平台不同，产生的营销效果也就不同，简单来说，互动营销没有确定的成功法则。

腾讯 MIND 理念的推出，犹如当头棒喝，为许多想要尝试互动营销的品牌客户解除了疑惑，事实上 MIND 是一个互联网公司通用的互动营销理念，它不仅仅适用于腾讯，只要是强调互动、分享、体验的网络社区都可以遵循这个理念。

随着互联网的持续发展，以及传统营销的效果越来越差，互联网营销市场将迎来更广阔的发展，互动营销必将成为网络营销的新趋势。

【商业案例】农夫山泉：
百亿销售额背后的品牌定位与战略思考

1996 年成立于国家一级水资源保护区千岛湖畔的农夫山泉，打着"农夫山泉有点甜"的广告飞越了千山万水，在全国迅速打响了品牌知名度，打开了大江南北的市场。

2014年，农夫山泉的年销售额超过130亿，在国内饮用水产品中名列前茅。在百度搜索饮用水排行榜，农夫山泉以90699的搜索指数位列首位。农夫山泉之所以能够这样成功，与其清晰的品牌定位策略密切相关。

清晰的品牌定位流程

1）分阶段品牌定位

在激烈的饮用水市场竞争中，农夫山泉准确地把握住了行业内外环境的变化，将自己的品牌定位分阶段进行，不仅跑赢了对手，同时也完成了自我超越，每一个阶段的品牌定位都比上一个阶段更好。正是这种不断自我超越的精神，让农夫山泉从众多的饮用水品牌中脱颖而出。

在不同的时期，农夫山泉面临的社会环境、市场环境和内部环境都不同，农夫山泉通过对各种环境的观察和分析，准确把握住了它们的变化规律，将品牌的定位分为了三个阶段：

第一个阶段，在农夫山泉刚刚进入饮用水市场的时候，整个行业内的竞争已经非常激烈，同时，消费者对优质水资源的需求也在持续增长，农夫山泉抓住这个时机，以取自千岛湖的优质水资源顺利入市。

第二个阶段，经过了几年的发展，农夫山泉全面打开了国内饮用水市场，占据了一定的市场份额，开始与行业内其他主流品牌竞争。这个时期，消费者对饮用水的要求更高，农夫山泉凭借着天然水源优势继续拓展市场。

第三个阶段，在与其他品牌的竞争中，农夫山泉越战越勇，拔得头筹，成为业内第一的饮用水品牌，这个时期，农夫山泉的战略重点已经从与业内同行的竞争转向对自己的不断超越。

2）正确的品牌定位

无论处于哪个阶段，农夫山泉都对自己的品牌定位清晰明了，根据竞争对手的情况不断调整自己的品牌战略，将自己和竞争对手的定位区别开来，利用差异化优势取得竞争的胜利。

第一个阶段，饮用水市场已经充斥着乐百氏、娃哈哈等多家成功品牌，各品牌都在大力推广纯净概念，乐百氏甚至提出了"27层净化"，初入市场的农夫山泉避开了纯净战场，以"有点甜"的新鲜视角吸引了众多消费者的关注，依靠差异化的优势顺利迈出了第一步。

第二个阶段，农夫山泉再接再厉，突出"天然水"的诉求重点，将自己的产品与传统纯净水进一步区别开来，农夫山泉认为，人体必须从饮用水中摄取一定比例的矿物质和微量元素，而不含这些物质的纯净水不利于人体健康，这一理论的提出直接将竞争对手踩到了脚下，弯道超车迈入行业前列。

第三个阶段，饮用水市场的其他品牌也陆续推出了天然水产品，农夫山泉再一次独辟蹊径，结合自身品牌的特点推出"弱碱性"概念，借此概念又一次将自己与其他品牌区别开来，成为行业内排名第一的饮用水品牌。

农夫山泉在这三个阶段的品牌定位，不仅仅是根据竞争对手的情况变化而不断调整的，也是综合考虑了每个阶段的社会环境和市场环境以及消费者需求等各种因素而制定的。来自优质水源的天然水迎合了消费者要求饮用水品质不断提高的需求，这一点是农夫山泉品牌定位能够成功的重要基础。

3）有效地展示不同阶段确立的品牌定位

制定了合理的品牌定位计划，还需要通过有效的执行，将其展示给消费者，才能实现品牌的成功运营。

第一个阶段，农夫山泉通过有效的广告展示，将"有点甜"的产品定位展示给广大的消费者，随着"农夫山泉，有点甜"的广告响彻大江南北，农夫山泉成功打开了饮用水市场；

第二个阶段，已经占据一定市场份额的农夫山泉凭借"天然水"的概念将其他竞争者甩到身后，同时，农夫山泉在各地的小学开展"水仙花的对比实验"，进一步扩大了品牌影响，将"天然水"的产品定位展示给更多的消费者；

第三个阶段，农夫山泉通过严谨的科学实践向公众展示了"弱碱性"的概念，这一实验引发了很大的反响，当然也在更大程度上提高了品牌的影响力，将其"弱碱性"的品牌定位清晰地传达给公众。

农夫山泉根据对不同阶段的内外环境的准确把控，结合自己企业发展的不同阶段，确立了不同阶段的品牌定位，并根据消费者的需求变化和竞争对手的定位及时调整，然后选用有效的展示途径，将品牌定位及时传达给消费者，这样，农夫山泉就实现了品牌定位的成功，从而使自己的品牌影响力和市场占有率得到不断提高。

农夫山泉的成功，也说明了成功的品牌定位应该是结合时代发展的。每一个品牌的发展，都必然要经历引入、成长、成熟和衰退等不同的阶段，而在不同的阶段，品牌身处的内外部环境也是不一样的，同行业的竞争者所采取的品牌定位也不一样，所以说，品牌的定位不应该是一成不变的，而应该随着品牌的发展不断变化。

企业在对品牌进行定位的时候，要考虑到品牌的发展变化，还要考虑到竞争对手的定位，品牌定位制定完成之后，还要进行有效的展示，从而确保将品牌定位传达给目标受众。

确定品牌定位的流程及方法

任何一个品牌的定位，从其定位开始，到市场推广，再到被消费者接受，都需要经历一个完整的过程。企业在进行品牌定位时，一般要分为三步走："先分析可能影响品牌定位的各种因素；再根据分析结果制定符合产品性质的品牌定位；最后，选择恰当的定位宣传战略将其传达给目标消费群体。

1）品牌定位因素分析

品牌定位因素分析是品牌定位流程的第一步，也是品牌定位成功的前提，只有这一步做得好，后面的步骤才可能成功。品牌定位因素分析主要包括分析

计划、分析执行以及分析控制，分析过程中需要重点考虑到社会环境、顾客需求、市场环境、对手定位以及自身产品5方面的因素。

★社会环境分析

社会环境分析是指对外部环境的分析，主要包括对政治环境、法律环境以及环境污染等问题的分析。农夫山泉通过进行水质的比较以及鼓励小学生进行水仙花的实验，将产品定位为天然水，就是在对环境污染因素分析的基础上做出的决策。品牌在不同的阶段会遇到不同的社会环境，所以这一项的分析工作必须持续进行。

★顾客需求分析

顾客需求分析是指品牌从顾客心理出发，通过对目标顾客的文化、收入和年龄等方面的了解和计算，分析出顾客的消费特性和心理上的需求。在对顾客需求分析的基础上制定的品牌定位，才能真正符合顾客的需求，才能让顾客只看到想看的，只吃出想吃的味道，才能从心理上打动顾客。

★市场环境分析

对市场环境进行的分析，应该考虑到市场环境的变化。在不同的品牌发展阶段，品牌所面临的市场环境也会随之发生变化，包括产品需求的变化、产品技术的变化、消费者构成以及消费习惯的变化等。企业在制定品牌定位时需要全面考虑到这些复杂的变化。

★对手定位分析

知己知彼，方能百战不殆，因而对手定位分析对品牌定位而言非常重要。农夫山泉的差异化定位，就是建立在对竞争对手的定位分析基础之上的。实际上，对对手的定位分析其实是对市场细分的分析，只有了解它们的品牌定位，才能找出不同于它们的定位，使自己脱颖而出。

★自身产品分析

自身产品分析指的是对品牌内部环境的分析，也就是说，产品自身的特性一定要满足顾客的需求，只有产品符合顾客的需求，才能被市场接受，而品牌的定位是以产品为基础的，所以只有符合顾客需求的产品才能支撑起品牌的定位。如果顾客对产品不满意，那么无论品牌定位的如何精巧，营销策划做得如何华丽，都不会取得成功。不过关的产品品质，不只会侵犯到顾客的利益，也会对品牌的长期发展造成极大的损害。

2）确立品牌定位

对以上各项因素的分析完成之后，企业就可以根据分析结果来确立品牌的定位，这一步在整个品牌定位管理过程中起着承上启下的作用，既是品牌定位因素分析的后续，也是品牌定位宣传的前奏。

确立品牌定位的关键，在于提炼品牌的核心价值，根据前面对不同因素的分析结果，找出品牌的内涵，再根据这种内涵为品牌确立一个差异化的形象。

比如非常可乐，就将其品牌定位于民族品牌，与可口可乐、百事可乐等主流品牌区别开来；比如海尔的品牌定位就是服务的代表，突出优质的服务，借此从众多电器品牌中独立出来；比如农夫山泉的"有点甜"，就展示出了与追求纯净概念的其他品牌的不同。

3）品牌定位的落地

品牌定位的展示是指通过一定的渠道将品牌定位传达给目标顾客。品牌定位的展示可以有多种形式，比如广告展示、公共关系展示、人员推广展示、促销展示，还可以通过价格等其他因素展示自身独特的定位，比如哈根达斯就通过业内最贵的价格展示了自己的高贵形象。

第四章 超级符号

品牌就是符号,为强势品牌创造「超级符号」

读图时代,品牌需要打造"瞬间抓住消费者目光"的有力武器,以及让客户以最快时间记忆的强大"符号"。

视觉战略定位：
读图时代你需要定制专属的超级符号

互联网正改变着消费者的阅读方式，从最初的文字阅读逐步转向图片阅读。阅读速度的加快与各类信息的不断轰炸，也要求品牌的信息能够在瞬间抓住消费者的眼球，并能够让消费者产生清晰的记忆。

视觉在品牌的打造中扮演着重要的角色，品牌的战略规划与定位最终的呈现都依托于品牌整体视觉的打造。在消费者刚接触品牌时，不可能全方位了解品牌，因此消费者对品牌的第一印象来源于品牌的整体形象。

美国一位心理学家曾做了一个关于形象的测验，他让穿着破烂的乞丐朋友在高楼林立的城市街边向路人借1美元买咖啡，但是整整半天过去了，没有一个人愿意借给这位乞丐，因为他穿的衣服实在太破了。

之后这位心理学家带着乞丐朋友走进了美发店，为他打理了一个非常精神的发型，又到西装店为他买了一套笔挺的西装，让他再次回到街边。

形势开始转变了，每当这位全新的"乞丐"请求路人给予帮助时，几乎所有的人都非常热情地掏出1美元，甚至路边的乞丐也毫不犹豫地慷慨解囊。

同样的人，去做同一件事情，仅由于形象不同，结果却有天壤之别，这的确值得企业去思考品牌形象的意义。好的品牌形象与差的品牌形象亦是如此。

品牌视觉的意义何在？

很多企业家在设计品牌形象的时候，总会有这样的观点"我要做一个高大上的形象"，"我要做一个很漂亮的Logo"等等。那么品牌视觉的作用仅仅是用于美观吗？答案当然是否定的！那么品牌视觉的真正意义是什么？

区隔竞争品牌

品牌的英文单词Brand，源出古挪威文Brandr，意思是"烙印"。在西方游牧民族，当农场的牲畜过多时会有无法辨别自己的牛群、马群的问题。聪明的农场主想出个好主意，用烙铁在牲畜的身上做出独特的"烙印"，问题迎刃而解。

从简单的故事中，不难了解到，品牌起源于用简单的图形区隔同行。这也成为品牌视觉最重要的作用。

优秀的品牌视觉形象

好形象自己会说话

在互联网时代，人们每天都会受到难以计数的信息轰炸，在这些信息中，只有很少的几条能让人们留下印象，能有效地促进品牌市场开拓。好的品牌形象对品牌建设意义重大，很大程度上决定了品牌是否能在爆炸的信息中脱颖而出，以及在消费者眼中的印象。

好的形象自己会说话，会给予消费者"看起来很有实力"的第一印象，从而吸引消费者尝试购买，毕竟，对于一个从未接触过的品牌，消费者不可能了解其产业规模、原料选择、生产管理、品质监控等等。只有品牌形象取得消费者的初步信任，才会产生第一次购买，只有经过第一次购买，才会有将来重复购买的可能。

研究者发现，相较于文字信息，大脑会优先接受视觉信息，而且视觉信息更容易在大脑中留下深刻印象，因而打动消费者的最好办法就是借助视觉形象。

国内外很多品牌都借助视觉形象的建设取得了市场运营的成功，比如洋河酒业的"蓝色经典"以及红罐"王老吉"等，都是运用视觉形象俘获消费者的典型案例。

2003年8月，洋河酒厂推出了一款高端礼品酒"蓝色经典"，包括海之蓝、天之蓝、梦之蓝三个档次，该品牌获选为2008年中国白酒工业十大创新品牌。2008年上半年，蓝色经典单品牌销售同比增长幅度达85.6%，占洋河酒业所有产品总销量的63%，梦之蓝品牌销售增长率更是高达220%，在中国白酒市场异军突起。

洋河蓝色经典（天之蓝）海报

蓝色经典的成功离不开其强大的视觉形象建设。在红色为主色调的中国白酒市场，蓝色经典与众不同的蓝色尤为亮眼，而类似于洋酒的包装造型也为之加分不少。表面上看，蓝色这种倾向于现代和高科技感的颜色并不符合中国白酒市场，白酒品牌更喜欢用有历史感、喜庆感的红色，甚至黑色、黄色，正是因为白酒市场的这个认知，使得蓝色经典显得与众不同，给人留下了深刻印象。

这样的视觉建设造成的结果是，消费者一看到蓝色的白酒就立刻联想到蓝色经典，而其他颜色的白酒包装则不能产生这样的效果。

作为国内知名的凉茶品牌，王老吉和加多宝针对"红罐"知识产权展开了激烈的争夺，双方都不肯放弃经典的红罐包装，因为凉茶是一种重复购买性极强的消费品，而消费者已经养成了购买红罐的消费习惯，消费习惯一旦养成很难更改。在消费者心目中，红罐已经成为正宗凉茶的代表符号，红罐就等于正宗，因而王老吉和加多宝都需要用红罐这一视觉符号来表明自己是正宗凉茶。

王老吉凉茶

正是因为这个原因，王老吉悄悄推出了绿罐包装的莲子绿豆双饮料，希望借此进行品类战略的稀释，借助鲜明的绿色形象冲击红罐包装。

什么样的图形才算是好的"超级符号"？

1）能够用简短的文字陈述

如果品牌无法用清晰的文字描述自身的符号，消费者收到的信息就是错乱的，就无法形成精准的认知。

2）具有唯一性

符号的创意应更多的来源于消费者"固有认知中的事物"，而事物与图形应符合唯一性，这样消费者在看到品牌的"符号"时便能清晰地识别品牌。

作为一家帮助企业"以小博大"的品牌咨询公司，"逆向思维"如何选择自己的"超级符号"呢？在整个创意过程中，我们一直在罗列有什么独特的事物能够代表"以弱胜强、以小博大"。一场闻名于世的战役映入眼帘。

特洛伊木马

由木马演化的符号

3200年前，仅存的希腊勇士藏身于木马之中，瞬间瓦解了铜墙铁壁般的特洛伊城池，成就世界战争史上最为著名的"特洛伊战争"。那么在这次战役战争中什么可以作为超级符号呢？我想没有比"木马"更为适合的图形了吧。

天平密码

专注于通过纯天然的植物来平衡人体健康的品牌——平衡密码，其品牌起源于世界上最早的天平。

在世界四大文明古国之一的古埃及，天平的主要用途并非称量物体，而是审判人类的灵魂。关于天平有一个古老的传说：当人们死去以后，他们需要接受冥神奥西里斯的审判，通过审判的人就可以获得永生，而不能通过审判的人，面临的则是永远消失。

审判的结果则取决于神殿内的

天平。它一端放的是正义和真理女神玛特的羽毛，另一端放的则是接受审判的人的灵魂。如果灵魂与羽毛是同等重量的，说明这个人的灵魂是纯洁的，他就有资格获得永生；若灵魂比羽毛重，则说明这个人的灵魂已经被污染，他将被怪兽阿密特吃掉，永远消失。

3）高度可识别性，极容易被记忆
消费者不需要思考就能清晰地识别。

4）与品牌精髓、品牌定位高度一致
与品牌的定位和品牌性格要高度一致，匹配消费者。

先找到品牌的"价值定位"

"价值定位"即品牌提供给消费者的核心价值，是品牌最重要的卖点，消费者选择某品牌的独一无二的差异点，也是品牌建设的基础。品牌的信息需要由人的大脑接收与处理，人的左脑是负责处理理性与抽象价值定位的，品牌的"价值定位"被左脑接收，而对于品牌的具体形象需要人的右脑处理。品牌的视觉形象之所以重要，就在于与品牌核心价值的协同作用，成功的品牌形象必须建立在成功的品牌定位、产品定位的基础之上。

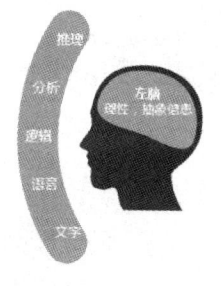

价值定位
核心价值，通过文字与语言作用于左脑，抢占消费者心智之中的优势位置。

品牌的价值定位

比如人们熟悉的舒肤佳品牌，它的核心价值在于"除菌"，所以品牌形象被设计成象征保护的"盾牌"，传达出保卫消费者卫生与健康的意思，组成盾牌的双向箭头与时钟则代表了持久保护，蓝色白色的基础色调体现了洁净、清爽与健康，整个品牌形象设计的浑然一体，全都围绕"除菌"这一核心价值来表现，容易给消费者留下深刻的印象。

舒肤佳品牌形象

通过包装、海报、广告、影视等营销渠道，将这一视觉形象扩散到更大的范围，就形成了完整的品牌视觉战略。

品牌超级符号的威力

找到品牌的价值定位并没有完成品牌定位，还需要品牌的视觉效果将品牌的"价值定位"进行落实。研究发现，人对于外部世界的认知更多的来自于人的右脑（具象的信息），这也就说明品牌需要一个强有力的"图形"与品牌的"价值"做关联，借此让消费者对于品牌的碎片信息得以聚焦。

视觉定位
通过图像作用于右脑，却常常被企业所忽视。然而消费者对于品牌的第一认知来自于视觉，其依然占据品牌战略的另一个50%！

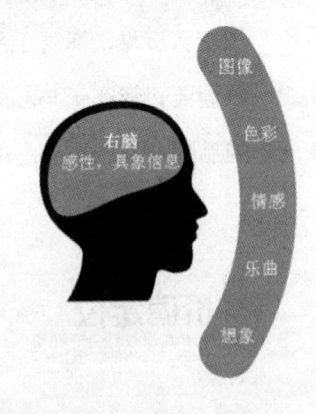

品牌的视觉定位

比如麦当劳的金黄色"M"符号和坐在门口的笑脸小丑；比如米其林憨态可掬的"轮胎人"形象；李小龙抹着鼻子"哼哈"的形象就是真功夫的代表；慕思床垫旁边永远站着一个戴着圆框眼镜叼着褐

色烟斗神情严肃的欧洲老头；脑白金则与跳舞的人偶老夫妻紧密相连……这些形象都是品牌传播的超级视觉符号。

品牌超级符号的载体十分灵活，一个包装、一个图形、一个画面，甚至一个声音、一个动作都可以成为这个符号。比如耐克的"对勾"与阿迪的"三道杠"都是采用了简单的图形来作为品牌传播的超级符号，二者相比，阿迪的"三道杠"更胜一筹，因为它比耐克的"对勾"更醒目。

心心国际健康水会的"五星莲花瓣"采用了稍稍复杂的莲花瓣图形作为企业的品牌符号，企业将这一符号散布在各个角落，重复出现的五星莲花瓣在品牌形象传播中起到了至关重要的作用。

虹美影像将"五彩蝴蝶"图像作为品牌的超级符号，这只蝴蝶也飞进了虹美影像的各个角落，把品牌形象传播到更广阔的市场。

瑜美人瑜伽采用的"东南亚美女头像"符号，不仅成功传播了瑜美人品牌的品牌形象，甚至已经成为国内瑜伽用品的行业符号。

以上都是成功打造品牌视觉符号的经典案例，良好的品牌视觉战略，在品牌的传播中能够起到重要作用，因而企业在打造品牌的过程中必须重视视觉形象的打造。然而，完整的视觉战略包括品牌 Logo、包装、海报、广告、户外、影视等方方面面，必须整体运作才能成功促进品牌的推广。

品牌视觉战略依托于整体的品牌战略体系，必须事先完成对市场环境、消费者洞察、品类属性、竞争对手等因素的综合分析，才能创作出完整的品牌视觉战略。

色彩定位：
将战略思维导入品牌，让竞争对手束手无策

为一个强势品牌创造"超级符号"的意义，在于降低品牌的营销成本（被消费者发现和记住的成本）。容易被发现的秘诀是显眼，而被消费者记住的秘诀就是要足够具象，因为一般而言人们对具象的事物记忆成本较低。

品牌符号定位

专属色彩定位

为品牌创建"超级符号"的两个关键点

那么，如何才能让消费者发现并记住一个品牌符号呢？对企业而言，为品牌创建"超级符号"有两个关键点：第一是做好品牌符号定位，第二是实现自己的专属色彩定位。

品牌符号定位

我们说具象的东西记忆成本低，比如耐克的一个钩、阿迪达斯的三条杠。阿迪达斯的品牌符号记忆成本要比一般符号低很多倍，比如你在电视上看足球赛，往往一眼就能看到阿迪达斯的队服，因为那三条杠非常显眼。

不过，我们这里所说的符号定位不仅仅指品牌标志，符号也会反映在产品

上，比如三精蓝瓶，"蓝瓶"就是一个符号定位，但它并不是品牌标志。

事实上，有很多运动品牌试图模仿阿迪达斯或者耐克的品牌符号，左边画一横、右边划个钩，意图构建相似的品牌符号，可是效果欠佳。归根结底，品牌符号的构建并不是一朝一夕之功，而是需要有自己的特色设计与内涵。那些"画虎不成反类犬"的符号定位不但没有降低品牌的营销成本，反而提高了品牌成本；它们不但不能帮助消费者记忆这个符号，反而会给消费者增加记忆负担。

在进行品牌符号定位时，应从以下两点出发：

1）效果上：力求达到"惊鸿一瞥"的视觉效果，让消费者一眼就能发现，甚至记住这个符号，以及符号所代表的品牌。

需要再次提醒的是，具象的形象比抽象的形象更有商业价值和传播力。在实际工作中，往往会有这样一种现象：创作者不愿意用具象符号，而喜欢抽象化的符号，以突显自身的"创作"。然而，在商业领域中，符号创作的目的就是要创造价值，当我们需要以一朵梅花的形象作为符号时，就要把它设计得像梅花，而不是把梅花形象改一改，使其抽象化。

2）方法上：符号的使用并不是将其放大后印在广告条幅上那么简单，一个超级符号一定要表现出其独特的风格与符号效果。

下面我们来看看六颗星牌长效肥的例子，作为吉林云天化公司的一个化肥品牌，它已经成为国内化肥业的明星。

不过，在六颗星之前，吉林云天化主打的化肥品牌叫英德利。为什么要用这个名字呢？为了表现出自己的国际范，英德利同时代表了"英国、德国、意大利"，不是显得非常国际化吗？

然而，英德利的销量并没有表现出预期的"国际化"风采，因为不仅中国人不懂这个符号的深意，英国人、德国人、意大利人也不理解其中的"内涵"。也就是说，这个其实跟谁都不沾边的名称符号需要耗费的传播成本非常高。

最终，吉林云天化重新选择了"六颗星"商标，并开始主打这个品牌。也许有人会觉得六颗星这个名称符号太土，然而事实恰恰相反，这才是一个国际化品牌，因为六颗星这个名字再加上星星的图案，不仅中国人明白它的含义，全世界任何国家的人都能明白它的意思，这才是易于传播的超级符号。

如此看来，一些运动品牌去模仿耐克或阿迪达斯品牌符号的行为不过是东施效颦。一个超级品牌的超级符号，应该是具象的、原创的、独特的，而非抽象化的模仿之作。

专属色彩定位

有些品牌你通过颜色就能一眼认出来，比如著名的蒂凡尼蓝色包装盒。一个企业在给品牌符号设计专属色彩时，实际上也是在向消费者承诺自己的产品质量与可信度。

英国商业品牌用色专家 Karen Haller 曾对品牌色彩做过专门研究，还为罗技科技、多乐士涂料、Orange Mobile 等著名公司做过用色指导，下面我们不妨看看他的颜色调研。

1）红色代表力量、激情

红色是力量、激情的象征，同时也代表能量、兴奋、勇气等特质。

代表品牌：维珍集团是全球最大的，最具影响力的品牌之一。在维珍品牌的起步时期，Richard Branson 就明智地选择了红色来体现品牌的自信和能量。法国的制鞋商 Christian Louboutin 在同 YSL 公司的诉讼中获得了成功，赢得了使用红色鞋底作为品牌标志的权利。

2）绿色代表年轻、热爱地球母亲

绿色可以代表金钱、嫉妒，然而它同时也意味着博爱、地球母亲、环境。对于年轻人以及那些享乐主义者而言，绿色有着天然的吸引力。

代表品牌：星巴克咖啡杯上的绿色美人鱼代表这一品牌注重环保的理念。星巴克一直非常重视贸易公平和环境保护问题。卡尼尔（Garnier Fructis）也是一家使用绿色品牌的公司，他们的洗发水和护发及护肤产品一直非常畅销。

星巴克LOGO

3）蓝色代表冷静、逻辑

蓝色代表"信任、正直和交流"，但是蓝色基调很重要，若用错了基调，就会"让品牌显得冰冷、淡漠和疏远"。蓝色也象征冷静、宁静，而且经常与思想联系在一起，它会让消费者联想到交流与逻辑。

蒂凡尼的水蓝色背景

代表品牌：全球著名的网络社交媒体公司——Twitter、Facebook还有LinkedIn都选择了蓝色作为品牌的主色。Haller指出，Twitter品牌的淡蓝色"表达了社交媒体有趣的一面"。蒂凡尼公司的水蓝色让人们在第一时间就能识别出该品牌。

4）紫色代表奢华、怪诞

紫色意味着奢华、品质、颓废，不过若使用不当也容易显得怪诞、俗气、不切实际。

代表品牌：吉百利公司把紫色与公司的产

吉百利产品

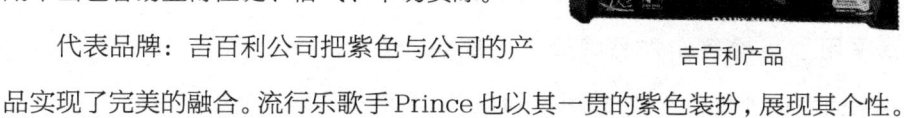

品实现了完美的融合。流行乐歌手Prince也以其一贯的紫色装扮，展现其个性。

5）黑色代表独特、魅惑

第四章 超级符号：品牌就是符号，为强势品牌创造"超级符号" | 127

黑色也是一种传递奢华韵味的颜色，同时会让人有肃然起敬之感。Haller 认为，"正确使用黑色可以传递魅惑、成熟和独特"。

代表品牌：Gilt Groupe 购物网采用了金黑色的标志，旨在表达该品牌"如非独一无二，那即一无所有"的品牌理念；另外著名的香奈儿和 YSL 品牌也同样青睐黑色。

香奈儿 Logo

6）黄色代表趣味、友善

黄色可以传递积极、快乐与友善，而且黄色是在光线下最容易辨别的颜色，品牌符号若使用这种颜色会很显眼。

代表品牌：麦当劳快餐店大招牌上的大 M 就是使用的黄色。黄色的大 M 与湛蓝的天空形成了鲜明的对比，即使人们开车经过的时候，这样的黄色招牌也很容易被人们识别出来。宜家也同样采用了黄色的品牌，他们希望告诉顾客：在宜家购物是一种快乐、有趣的体验。

麦当劳 Logo

7）橙色代表娱乐、享受

橙色会显得很明亮，它代表着身体与心理的享受，Haller 认为橙色可以让品牌显得"有趣、娱乐以及社交性强"。不过，在使用橙色时需格外小心，因为一旦使用不当会显得不够严谨，有轻佻之感。

Nickelodeon 品牌标志图形

代表品牌：儿童电视网 Nickelodeon 就采用了亮橙色作为品牌标志的底色。对于他们而言这无疑是一种成功的选择，因为橙色代表了儿童，并且他的节目 Nickelodeon 也都是强调娱乐精神的。金融机构 ING 的标志同样使用了橙

色，只不过他们还采用了能够代表理性和逻辑的蓝色来中和橙色表现出来的娱乐感。

8）粉色代表甜美、性感

粉色的含义显而易见，它代表着关怀、养育、爱以及女性形象。小女孩通常对粉色没有免疫力，粉色与女性的结合会显得非常甜美，若是鲜亮的粉色还暗示着性感。

代表品牌：维多利亚的秘密是使用粉色作为品牌色彩的典型代表，他们甚至有一条命名为"粉色"的产品线。有许多与乳腺癌防治相关的慈善机构也使用粉色，例如Susan G. Komen，他们在乳腺癌宣传月的各项活动中常常使用鲜艳的粉色丝带来做装饰。

用于乳癌宣传的粉红丝带

9）棕色代表温暖、可靠

棕色很容易让人想起巧克力，而它的深层含义则是安全、温暖与可靠。

代表品牌：UPS公司希望做值得人们信任的公司，UPS知道人们期待他们的包裹和信件能够准时完好的送达，棕色就是向顾客暗示，UPS就是完美可靠的选择。在巧克力行业，M&M公司的棕色包装的可辨识度是非常高的，棕色的包装融合了巧克力的甜美，能够带给人温暖的感觉。

M&M的产品包装

色彩定位的3大原则

1）简单原则

单一色彩更具视觉冲击，也使得品牌获得更多消费者的目光，并有效地累积品牌资产。

2）抢占原则

在行业品牌中，谁先将品牌专属色彩在消费者大脑中完成注册，谁将拥有该色彩。换言之，行业中的专属色彩是一种稀缺资源，必须抢先注册。

那么矿泉水行业如何去从色差定位中找到机遇呢？我们不妨来做一个简单的分析。

首先，我们将色差简单分为、橙、黄、绿、青、蓝、紫、黑、白、金、银、灰 11 种颜色。

其次，我们来简单例数瓶装水行业中已经被抢占的色彩有哪些。蓝色：康师傅、悦活、5100；红色：农夫山泉、哇哈哈、昆仑山；绿色：怡宝、乐百氏。那么我们思考一下，如果作为一个全新的品牌入驻瓶装水行业选择了蓝色、红色、绿色，消费者能不能一眼就在货架上看到这个品牌？答案当然是否定的，因为这些颜色已经被固定的几个品牌抢占，雷同的色彩只能让消费者得到"山寨"的感觉。

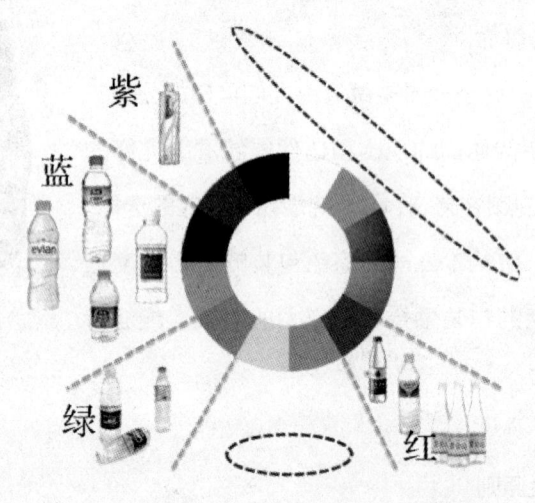

不同的矿泉水品牌及对应的颜色

最后，我们来思考还有哪些颜色没有被占位？橙、黄、紫、黑、白、金、银、灰，这些颜色在国内其实都没有清晰地被抢占，创作新品牌的机会恰恰在此。

此时不妨让思维发散开来，做一瓶黑色的瓶装水，主打年轻的概念！

3）对立原则

与行业品牌的区隔，首先体现于"色彩"的运用，有时候甚至是与行业领导者的"色彩"对立。对挑战者来说，色彩的对立是种有效手段。

作为一家专注于互联网金融整体解决方案的全新品牌，为了能从众多的企业当中脱颖而出，派山金融的战略定位就是体现自己的金融安全，选择与众不同的品牌形象。

互联网金融企业的商业符号往往以金色、蓝色和红色为主，而派山金融则选择了紫色。另外，派山金融的 Logo 是一个既类似互联网符合"@"又类似圆周率符号"π"的形象，该形象不仅与企业的名字不谋而合，而且能够体现财富生生不息、不停流转的寓意。

派山金融

一个 LOGO 的诞生：
如何设计出一个成功的品牌标识？

商标就像是品牌的脸面，精心设计的 Logo 能够有效地宣传产品性能和特点，可以使接受者在视觉和心理上可以产生特定的感受并引发相关联想。在设计 Logo 的过程中，需要遵守以下重要法则。

追求用手画出来的效果

Logo 设计的首要原则就是要追求简洁醒目的效果，让接受者看一眼就能记住。现实中人们熟识的品牌 Logo，也大都设计简洁、容易记忆 Logo。相关的心理学调查分析结果表明：在人们感受和记忆的外界信息中，83%来自视觉，听觉占了 11%，依赖触觉的记忆仅占 3.5%。可见，商标的直观性对于接受者的记忆形成是十分重要的。

很多知名品牌的品牌 Logo 都非常简单，不少 Logo 都是接受者看到后就能直接用手画出来的。例如，麦当劳的金色拱门"M"出现在全球七十多个国家和地区，是人们最常见的 Logo 之一；奔驰汽车的 Logo 则是方向盘的简化变形。

中国品牌的 Logo 也应当追求简洁、鲜明的特点，因为只有简单的图案，才能让接受者过目不忘，并把品牌的印象刻在头脑中。总之简单的才是最有效的。

品牌 Logo 要有视觉冲击力

在品牌丛生的时代，要想让自己的品牌 Logo 在千千万万的 Logo 中脱颖而出，引起人们的注意，就要让品牌 Logo 具有强大的视觉冲击力。在视觉的效果上，无论把 Logo 放大还是缩小，都让接受者一眼就能认出来，都能快速吸引接受者的注意力，引发他们的兴趣，比如日月星辰、天坛、长城、龙凤图形等等，在长时间内已经成为人们视觉选择的文化基础。

品牌 Logo 要反映时代个性

品牌 Logo 应能够反映经济发展的鲜明时代特征，2001 年 1 月 18 日《中国工商报》曾以整版篇幅刊出"点评中国老商标"，展示了我国品牌商标的百年历程。从展示中我们可以看到百年来我国品牌商标的时代个性，每个时代的商标都能引发人们的感触，人们熟知的"人民"、"新中国"、"红梅"、"白玫瑰"、"生产"等等一系列具有鲜明时代个性的商标，都给人们留下了深刻的记忆。

品牌 Logo 应当是特定时代的一种文化语言，不具有时代个性的 Logo，是很难与新时代的公众进行沟通的。我国有许多的老字号 Logo，如大中华、北京同仁堂、贵发祥、狗不理等，这些老字号与麦当劳、肯德基、万宝路相比，品牌 Logo 的个性不是那样生动鲜明，但却体现了强烈的时代特征。

品牌 Logo 要融入文化因素

有文化韵味的商标能够带给人艺术的享受，使人产生某种情思或者联想。比如"孔府家酒"，这个品牌名字会让人联想起孔子这位历史名人，以及孔子所代表的源远流长的中国传统文化。再如古井贡酒的商标，上面的老井、古树都很有地方特色，很明显代表的是该酒的来源地———亳州市古井镇。

另外，不同的地区有不同的文化背景，在色彩的偏好与禁忌上也各有不同，因此设计品牌 Logo 时要注意不同色彩的象征意义。需要注意的是，色彩并不是越多越好，五颜六色的 Logo 反而会让人有视觉凌乱之感，应该注意色彩的搭配和舒适度。在品牌 Logo 中运用恰当的色彩，会给人带来良好的视觉体验和心理联想，同时突显出品牌的文化内涵。

商标名与企业名要相互融合

将商标名称与企业名称相互融合为一体，不仅有利于提升企业的知名度，让企业名与商标名互为表现，相互提升，而且还能节省大量广告费，可谓一箭双雕。

"可口可乐"的商标就非常具有代表性，它将企业名称"CoCa - CoLa"做了变形处理，设计成了专门的商标图案，既简单又独特，很能吸引眼球。在色彩搭配上，以深红的底色来衬托白色的文字，既醒目又有欢快、热情之感。另外，商标中的波浪感也非常有韵味，使力量与柔美完美结合，洋溢着一种动感与快乐。

如今很多企业都在通过将商标名与企业名相融合的方式，来提升品牌知名度，比如"999"、"维维"豆奶、"健力宝"、"顶好"食用油等，这对于增强企业的市场定位有很大帮助。

康师傅名称和商标

新颖别致，不落俗套

品牌商标最好能够带给人耳目一新的感觉。新颖别致、不落俗套的商标图案能够增强企业的知名度和竞争力，引发消费者的追捧与喜爱。

比如天津顶新国际食品公司推出的"康师傅"系列方便面，其名称和商标都很新颖，康师傅的品牌形象也深入人心。在设计品牌 Logo 时，不能靠模仿或克隆来取胜，应该走出一条独特的创意之路，否则在大量雷同 Logo 泛滥成灾的同时，企业也可能会失去自身定位和发展方向。

综上所述，品牌商标在一定程度上代表着企业的身份与形象，是一个品牌最重要、最耀眼的象征。一个新颖别致的品牌商标将会成为一个无声的推销员，无时无刻不在塑造和宣传着企业的形象。

视觉营销：
传统实体品牌如何吸引更多消费者的眼球？

视觉营销就是市场营销层面上一部分销售技术的总和，它可以帮助品牌更好地向消费者展示产品或服务。视觉营销是品牌建设中最基础的部分，用以最大限度地促进产品或服务与消费者之间的联系，最终实现销售，同时通过视觉冲击的提升来影响品牌的文化。

很多人认为，视觉营销就是品牌通过影像展现给消费者的形象，事实上，现在的视觉营销已经不再专注于平面视觉的形象，而是转变成了一种体验式的营销，它可以让消费者体验到品牌或商品带来的价值，这里的价值不仅包括产品的使用价值，还拓展到了精神层面的价值，甚至发展到了社会阶层的利益层面。

新时期的视觉营销，包括平面视觉、门店视觉、展会等多种形式，品牌要把握好每一个机会，利用广告视觉营销来吸引尽可能多的受众的眼球。

平面营销

平面视觉营销，是最基础的视觉营销模式，也是品牌传播中最基础的广告传播形式。平面视觉营销的表现形式可以经常调整，但是无论怎样改变，都必须遵循两条基本规则，就是要保证品牌符号经常出现在公众的视线之中，并且保证公众可以明白这个符号代表的是哪个品牌，只有同时满足了这两个条件，品牌才能从平面视觉上抓住受众的眼球。

无论处在哪个市场阶段，包括成熟阶段，品牌都要让自己的品牌符号经常展露在观众的面前，通过这种最为原始的传播形式将品牌符号公之于众，户外广告、时尚杂志、电视媒体、商场广告等多种平面表现形式都可以选择。

当然，品牌所展现的符号必须与品牌密切相关，必须让受众一看就知道这个符号属于哪个品牌，如果做不到这一点，哪怕版面做得再完美，广告再有故事，再有创意，都是在做无用功。有的广告虽然能够给公众留下深刻的印象，但是公众只记得这支广告，却不记得广告代表的品牌，那么，品牌为这支广告付出的成本就完全是浪费。让广告受众清晰地认准这个品牌，才是视觉营销的核心。

有很多品牌，尤其是鞋服类的品牌经常会犯这种错误，它们喜欢在版面上展示很多产品，生怕看到广告的人不知道它们有多么丰富的产品种类，但是这样很容易让受众产生视觉疲劳，更不要说对品牌印象深刻。平面广告还是遵守简约、醒目的原则为好，再加上些创意更好，但是一定要让人清楚地认识到这支广告属于哪个品牌。

门店营销

门店是最直接的形象载体，在所有的品牌展示形式中，门店展示是最容易吸引受众眼球的展示形式。

门店的表现形式主要包括门店空间展示、门店产品陈列、人员服务形式三大核心，前者是品牌的脸面，门店的形象决定了人们对品牌价值的初步印象，门店空间的展示表现了品牌的文化形式；门店产品的陈列则为人们展示了产品的使用价值；人员服务则表现了品牌的附加值。在品牌的实际运营过程中，如果将这三大核心运用得当，就会成功吸引到受众的目光：

★品牌要根据身处的阶段调整品牌形象，如果二者不匹配，很容易起到反作用。比如在品牌市场不成熟的阶段，如果硬要采用高级的品牌形象，非但不能提升产品的销售，反而会加大品牌的资金压力和代理商的压力，导致资金链的危机。

★要保证门店的形象与产品的档次相匹配，如果门店形象布置成了高端店铺，但是产品档次跟不上，那么产品销售必定不会顺利；反过来，如果门店形象低端，而售卖高端产品，结果同样悲观。

★好的门店形象会拉动产品的销售，但是效果有限，品牌要想增加产品的销量，应该努力提高产品的品质以及门店服务提供的附加值，而不应该指望门店形象的作用。

很多鞋服类品牌会定期更换门店形象，借此引起人们的关注，从而刺激产品的销售。这种方式确实会取得一定的效果，但不可否认的是，每一次门店形象的更换都花费巨大，举例来说，一个80平方米的门店，每更换一次形象至少要花费30万元，所有门店一起更换形象，所需的花费更甚，如果将这些花费用在产品陈列水准和店员服务层次的提升上，很可能会带来更好的销售。

近几年鞋服类市场整体不景气，前些年快速扩张的门店普遍出现了难以为继的情况，闭店、欠债、兼并等情况数不胜数，在这样艰难的时期，品牌商更应该努力提升店员的服务水准和产品陈列的水平，加强对店员的培训，比如实行体验式的销售模式、启用更精美的橱窗陈列、借助陈列道具来展示产品的卖点，等等。

展会营销

展会的定位越来越细，比如鞋博展、服博会、户外运动展、体育用品展等等，这些展会都是针对行业的细分来定位的。

企业在决定参加展会之前，一定要明确参展的目的，是以招商为主，还是以品牌推广为主，或是以引资为主，或是单纯的行业交流，目的不同，品牌展馆的空间设计也应不同。比如以微信推广为主的品牌传播，从空间的设计，到人员的着装，都可以采用二维码的形式展现。

展会的表现形式有很多种，不但包含实体店铺的展示方式，还有空间的艺术展示，丰富的形式更容易将各自品牌的亮点展示出来，比如陈列形式、新品亮点、空间美感、品牌文化等等。

为了更好地吸引消费者的目光，展会的陈列并不局限于品牌自身的资源，许多品牌都开始逐渐介入资源整合，比如高端男装可以和商务车、老爷车等同品位的产品搭配展示，比如在展厅内搭配休闲咖啡茶座等等。

品牌的传播是一个持续的渐进式的过程，在这个过程中，品牌需要保持统一的传播步伐，从视觉符号的设计到服务的最终落地，都必须保证品牌标识能够让目标受众清晰地认知，尽可能多地展示自己的品牌标识，让更多的受众记住它，这才是视觉营销最重要的目的。

【商业案例】可口可乐的视觉战略：
一个战胜真空的红色"曲线"瓶

由商品同质化造成的销售竞争越来越激烈，企业开始在其他方面寻找差异化优势。寻找一种产品与其他产品的区别，除了产品质量之外，还可以从产品视觉印象上找。

由于不同品牌的同品类产品质量越来越相似，所以企业需要在产品的视觉印象差异化上寻找出路，具体而言，就是根据市场的实际情况进行视觉定位，有选择地缩小视觉传达目标，分门别类地建立有效的视觉传达，这样才能更好地进行品牌推广。

在近百年来的经典广告案例中，可口可乐的品牌运作堪称经典中的经典，其成功经验对于其他品牌的广告视觉定位具有很好的借鉴意义。

视觉定位包括图像定位、色彩定位、版式定位、文字定位等多方面的工作，其意义在于将消费者已经形成的观念与品牌的视觉元素联系起来，参考市场的具体情况制定出最为适合的视觉传达战略决策。一味追求与众不同的视觉表现并不是视觉定位的目的。

在饮料行业，可口可乐是当之无愧的最有价值的品牌，它的品牌地位很大程度上得益于其成功的视觉定位。广告视觉定位系统的运用，使得可口可乐的广告宣传表现方向更明确、信息传递更清晰，从色彩、图像到版式与文字，可口可乐的品牌推广都迥异于其他品牌，使其在同类产品中能够被消费者一眼认出。可以说，可口可乐龙头地位的建立，主要归功于其在成功的视觉定位基础上建立起来的系统、一致、有效、个性鲜明的品牌推广攻势。

经典可口可乐

作为可口可乐公司最早的产品，经典可口可乐不仅保持着可口可乐的最初口味，也是可口可乐公司的支柱品牌。提到它，人们就会联想到斯宾塞字体设计、独特的曲线瓶、动力波、标准的色彩组合，这些都是经典可口可乐的视觉要素。这些要素与广告策略有机结合，就构成了历久弥新的经典可口可乐广告视觉形象，此形象在整合品牌资源的过程中能够发挥非常重要的作用。

曲线图像定位，诠释品牌的基本特征

与文字信息相比，图像信息不但更容易被大脑接受，而且也容易被记住，另外，图像传达信息的范围也更广泛，能够跨越不同种族、不同地域，甚至实现全球化传播。图像能够模仿具体的事物，同时，图像本身也拥有固定的内在特质，容易激发消费者基于这些特质的联想，这一点在具体的图像视觉定位过程中一定要注意，必须保证产品特性与图像特质相一致，在一致的基础上寻求图像的独特性。

1）视觉风格定位

针对品牌形象进行视觉定位，首先需要根据产品的具体特征来定位品牌形象的视觉风格，通常会选用某种经久不变的艺术表现形式或者始终如一的表现元素。关于视觉风格的定位，可口可乐始终以体育明星和娱乐名人为形象代言人，因为他们健康、积极、充满活力的形象与"永远的可口可乐"的品牌精神非常契合，这也是饮料行业惯用的视觉风格定位套路。

从 1900 年的当红歌剧演员希尔达·克拉克，到 2015 年的都教授金秀贤；从 1908 年的"可口可乐，带来真诚"，到 2014 年的"团聚畅爽，就要可口可乐"；在不同的时期，可口可乐的广告口号与视觉形象在不断的转换，但是每一次转换都符合"永远的可口可乐"的品牌精神，一百多年以来，可口可乐的视觉风格始终一致、连贯。

2）图像样式定位

在确定了视觉风格定位的基础上，企业就可以进行图像样式定位，来完成整个品牌形象定位。可口可乐选择的图像样式是一种柔和顺滑的曲线，表达了一种和谐、柔美的视觉感受。

在饮料行业，这种曲线形的图像样式定位并不稀奇，很多品牌都在使用，但是可口可乐在这种曲线形状的基础上设计出的窄裙瓶和动力波则为可口可乐独有，而且可口可乐已经申请了专利，并在广告宣传中持续使用，使之与品牌紧密联系在一起，成为可口可乐独有的品牌符号。动力波应用于可口可乐的商标设计中，将可口可乐的品牌名称按照这种波形排列起来，向消费者传达出"无限运动"的品牌精神，使品牌重新焕发出了动感与活力。

然而可口可乐的动力波图像并不是一成不变的，而是随着时代的发展不断地调整的，比如在原本单纯的红色背景中加入黄、银、白多种颜色多个层次的波动图形，加入暗红色的弧线，在周围加入大大小小的气泡等，为品牌形象增添了更多的活力。

高贵优雅的字体定位,体现品牌的时代特征

可口可乐品牌的字体采用了斯宾塞字体,在可口可乐创立之初,这种字体大肆流行于美国上流社会,选用这种字体,为品牌营造了一种高端形象,同时体现了当时的时代特征。可口可乐的名称表明了这种饮料的两种重要成分,而且发音朗朗上口,容易给人留下深刻印象,可以说,可口可乐成功的命名也是品牌之所以长盛不衰的原因之一。

在创业之初,可口可乐就将这个名字进行了注册,在之后一百多年的发展中,可口可乐为保护这个名字的独有权打了很多官司,甚至专门制订了可口可乐法典,可口可乐为维护品牌名称所做出的努力对整个美国社会造成了巨大的影响,甚至推动了美国现代商标法的不断完善。

斯宾塞字体的可口可乐被设计得流畅、圆润、高贵、优雅,充分体现了产品本身的气质。可口可乐打入中国市场之后,其品牌字体也随之做了相应的调整,采用中国书法汉字来加快可口可乐品牌的本土化进程,随着在中国市场的进一步发展,在积累了一定消费者的基础上,可口可乐又将汉字形象统一于全球标准,同样采用了斯宾塞字体,这样既保留了本土化的汉字标识,又在字体式样上达到了全球市场的统一。

激情活力的色彩定位,强化品牌的感性特征

红色是一种热情奔放的颜色,容易令人兴奋、激动,还能够刺激人们的食欲,是餐饮业常用的颜色。可口可乐的包装采用了一种偏冷的红色,红色容易引发人们的注意,刺激消费者的渴望,而偏冷的色调又能够给兴奋热情的红色带来一种庄严、高雅的感觉,与其他红色包装的产品区别开来。

这种独特的颜色具有很高的可辨识度,因而用这种颜色包装的可口可乐产品能够让消费者一眼认出,过目难忘。但是,只有这样还不够,品牌的视觉形象不仅要简洁清晰,还要保持一定的变化,以引起消费者的持续关注。所以可口可乐在这种独特的红色背景之中融合了白色、银色来协调，表达出美味可口的感受。

不仅经典可口可乐的包装重视视觉效果，可口可乐公司旗下所有子品牌都采用了不同的色彩设计，每种产品包装都极具个性，比如矿泉水品牌冰露，采用了清新怡人的蓝色作为外包装主色调，传达出纯净、自然、健康的感觉，同时在蓝色背景下保留了红色的动力波图像，以此保证可口可乐品牌的统一视觉，增强品牌的识别性。

流畅放松的版式定位，统一品牌的视觉风格

在宣传画面中，可口可乐将各种图像要素按照不同的比例进行安排，通常是在红色的背景下，将融合了白色、银色饰线的可口可乐商标放置于画面的左上角，用小写字体书写的标题放在宣传画面的正上方，正中间的位置则是最重要的主画面，一般采用运动、欢快的人物形象构成，而主画面下方就是简洁明快的正文。

整个画面安排得既符合人们从上到下的阅读习惯，又可以提高人们的阅读效率。其中多重的色彩变化使画面看起来更加生动，而动力波形状的比例安排与常规的构图形成强烈的对比，个性化十足。

可口可乐不仅仅是一个商业品牌，它已经成为一种社会文化。比如穿红袍子的圣诞老人形象最早就出现在可口可乐的广告中，现在已经成为全世界的圣诞符号，而在那之前，不同国家的圣诞老人穿着不同颜色的衣服；可口可乐的广告延伸到运动场，小球迷用可口可乐鼓励球场失意的运动员，成为美国人民乐观进取、永不服输的民族精神的象征；残酷的战场上，廉价的可口可乐给美国大兵们带来了快乐和希望，使得可口可乐扎根于美国文化之中……

在美国本土之外，可口可乐也积极融入其他国家的本土文化，比如在中国市场，可口可乐曾推出12生肖主题可乐罐；2001年春节，可口可乐推出了泥娃娃阿福贺年的包装，还有孙悟空形象的包装；雅典奥运在中国进行火炬传递时，可口可乐适时推出了一款以紫禁城、长城、天坛为主题的珍藏版可乐罐。借助这些深受中国人民喜爱的形象，可口可乐成功迎合了中国消费者的口味，推进了品牌的本土化进程。

在世界各地市场，可口可乐都非常重视当地的民族文化，同时又兼顾全球市场青春、活力的统一风格，例如可口可乐2003年的广告语"抓住这感觉"，就针对不同的市场衍变出了不同的感觉，在意大利是"独一无二的感受"，在智利是"生活的感觉"，在日本是"我感受可乐"等等。

随着在全球市场的拓展，可口可乐品牌已经升级为一种全球文化现象，逐渐融合了各国各民族的文化．对于文化元素欠缺的国内广告行业而言，可口可乐是一个值得学习的榜样。很多国内品牌之所以不能得到广泛的认可，难以打入海外市场，其中很大的原因就是广告表达缺乏深度，对当地文化缺乏深入了解。

第五章 超级体验

以消费者为中心，为顾客打造极致的服务体验

这是一个产能过剩的时代，也是一个无处不商的时代。市场的发展、需求的增长远远跟不上商业供给的增长，巨大的落差成就了消费者主权，推动了消费需求变革。因此，未来商业领域的竞争将集中体现在"体验之争"上。只有以消费者为中心，为顾客创造极致的服务体验，才能在日益激烈的市场竞争中建立持续的竞争优势。

体验定位：
为消费者提供适当、明确、有价值的品牌体验

每一个企业在运作的时候都会进行特殊的定位，要么是面向大众化消费群体提供一般的产品和服务，要么是专门针对特定的消费群体和区域提供产品和服务；企业在每一个运作阶段也会进行特殊的定位，要么是为了提高品牌的知名度和影响力，要么是为了提升客户体验。

宝洁公司作为全球最大的日用品公司之一，拥有种类丰富的洗发、护发类产品，其每一个品牌的产品都有一个特定的定位，比如"潘婷"是专注于秀发损伤修护的品牌；"润妍"是专注于让头发更黑、更亮、更有生命力的品牌；"海飞丝"是专注于去屑美发的护理品牌；"沙宣"是专注于调节头发营养和水分的品牌等。

在传统的品牌定位中，企业主要将目光放在了特定细分市场的选择上，确定能够与竞争对手明显区分，并且能够最大限度地吸引目标消费群体，其中品牌定位的重点主要包括：

★产品功能定位：重点强调产品的性能和作用；

★使用者定位：确定目标使用群体，并与他们建立联系；

★使用形态定位：主要是强调产品使用的场合和形态；

★比附定位：通过与竞争品牌的比较来确定自身的市场定位；

★反类别定位：与同类产品相区别进行定位；

★价格定位：通过与竞争者相比较确定将产品定位在什么价位上；

……

而企业在进行品牌体验定位的时候，关键是要确定适当、明确、有价值的品牌体验主题，将品牌的传播与消费者的价值需求联系起来，品牌传播要始终围绕消费者的价值需求。因此，相对于传统的品牌定位，企业在进行体验定位的时候会更多地考虑对消费者内心世界的洞察。

影响品牌体验定位的因素

随着经济的发展和生活水平的不断提高，消费者的需求越来越个性化和多样化，为了能让品牌在消费者心中产生价值共鸣，从而确立一个独特的地位，企业在进行品牌体验定位的时候要考虑可能会影响到消费者需求的各种因素。

1）品牌在市场中的地位

品牌竞争地位是指品牌在该品类市场中是领导品牌还是跟随品牌，处在初创阶段还是成熟阶段。

领导品牌不仅在市场上拥有较高的知名度、影响力和认知度，同时市场占有率也比较高，在竞争中占据主导地位，因此领导品牌在进行品牌定位的时候相对比较简单：向目标消费群体提供有价

影响品牌体验定位的因素

值的独特体验主题，满足消费者较高层次的需求，从而巩固品牌在市场上的地位，加强与市场的联系。

与之形成鲜明对比的是跟随品牌，其不管是在知名度、影响力还是市场占有率上都不如领导品牌，因此在进行体验定位的时候要通过其他方式来提升品牌形象、影响力和知名度，比如从产品的性能、功效或者服务流程等方面为消费者提供独特的甚至是超过他们预期的体验。

2）产品或服务的使用

产品或服务的使用性能包括产品的功能、耐久性、象征性的意义、价格等

因素，由这些因素共同形成的消费者介入程度也属于产品或服务的使用特性。

消费者介入程度是指消费者在价值观、利益以及自身需求的基础上对产品所感知到的关联程度。介入度比较高的产品，比如房子、汽车等，消费者对其产生的认知风险比较高，所以在做出购买决策的时候就会耗费更多的精力来了解产品，因此在进行品牌定位的时候要以突出产品的品质、提升消费者的生活品质和彰显其身份地位为重点。

而介入程度比较低的产品，比如日用品，因为价格比较低，而且需求量比较大，消费者在购买的时候不需要耗费太多的精力，因此在进行品牌体验定位的时候应该将重点放在简化购买流程、提升使用体验、提供更多便利等主题上。

3）目标消费者的个性特征

消费者的个性特征包括消费者的兴趣爱好、知识水平、价值观、自我概念等内容，消费者做出购买决策的目的是为了满足自身的需求，同时也会寻求与自我概念的一致。

所谓的自我概念就是一个人对自身存在的一种体验，自我概念分为真实自我和理想自我。真实自我是指消费者认为自己是什么样的人，而理想自我则是希望成为什么样的人。消费者在购物的时候会选择与自我概念相一致的品牌个性，从而强化自我概念。

因此企业在制定品牌体验主题的时候应该更加注重目标消费群体的兴趣爱好和自我概念等特性。此外，消费者的文化水平、自尊、自信的程度也会影响其购买决策。一般情况下，文化水平和自信程度比较高的消费者更加看重品牌的理性价值，以及透过品牌所传递出来的知识等体验主题；而文化水平比较低的消费者通常更重视品牌的感性价值，对认知、信任和身份等体验主题的认知度比较高。

确定企业的品牌体验定位

在对企业的品牌体验进行定位的时候通常要确定一个比较清晰、独特以及注重消费者体验的主题，并利用比较明确的概念、口号、形式等方式将企业和品牌的内涵和意义表达出来，使其逐渐发展成为品牌留在消费者心目中的一个特征和形象。

美国企业识别管理专家施密特和西蒙森在《营销美学》中提到，品牌体验的主题按照来源进行划分，可以分成五个领域：

★哲学或者心理学领域；

★自然界领域；

★艺术领域；

★历史、宗教和政治领域；

★时尚和大众文化领域。

社会学教授马克·特迪内在其出版的《美国主题》一书中将品牌体验主题进行了定义，认为品牌体验主题可以分为 10 类：分别是荒芜西部、古典文明、都市情调、现代主义与进步、热带天堂、地位或身份、阿拉伯狂想、乡愁、无法展现的展现以及堡垒建筑与警戒。

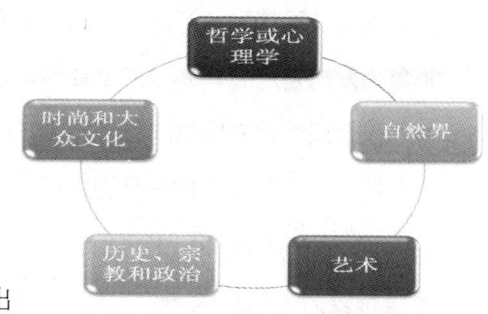

品牌体验主体的 5 个领域

在对客户分类化的体验需求进行识别的基础上，客户的体验需求从企业的战略层面上进行理解可以归结为掌控、知识、选择、认知、有益、身份、尊重、信任、便利、承诺等 10 个体验主题来源。

以上这 10 个体验主题来源相对比较抽象和概括，因此不同的企业以及处在不同发展阶段的企业在确定品牌体验定位的时候还要再充分考虑其独特体验和体验组合定位，从而将体验主题进一步明确和细化，使体验主题更具生机和活力。

惠普公司在进行品牌体验定位的时候将主题确定为为客户提供高科技、低成本和最佳、全面的客户体验，让消费者在可承受的价格范围内享受到专业的创新科技以及全面的客户体验。

全面的客户体验是指客户在与惠普进行交易的过程中所获得的体验和感受，包括在客户接待、产品销售以及售后服务中获得的直接的接触体验，同时还包括客户在惠普提供的技术和服务支持中得到的价值等。

惠普公司认为，产品的质量、为客户提供的产品支持以及企业的形象是影响客户总体体验的重要因素。因此惠普在进入消费市场的时候不仅重视为客户提供产品和解决方案，同时也非常重视客户的体验。

还有一个典型的例子是迪斯尼，迪斯尼也非常重视品牌体验主题的确定，它在1953年发布的计划书中提到，迪斯尼的目标非常简单，就是想要为人们提供一个能够发现快乐和知识的地方，同时也可以成为父母和孩子分享快乐、教师和学生相互理解和支持的地方。

在迪斯尼，老一代人可以抓到岁月流逝的痕迹，年轻人也可以尝到挑战未来的滋味，并从这里起飞梦想。通过对这种美好景象的描述，迪斯尼的主题很快就吸引了众多经济赞助者的目光。在主题公园开放仅仅两年的时间里，游客的数量就超出了所有人的预料，迪斯尼这个品牌也获得了较高的知名度和影响力。

企业在确定了品牌体验的主题之后，就应该以主题为出发点进行客户体验管理，并且在整个过程中的所有环节都应该始终围绕品牌的体验主题。此外，在进行品牌体验定位的时候还需要考虑当前时代的主题，符合时代发展的总趋势。

比如惠普公司在刚开始运作的时候并没有意识到体验经济的重要性，在提出"全面客户体验"的口号之前，惠普一直专注于其电子服务，惠普公司在电子服务阶段提出的战略发展目标是：创造信息科技产品，为社会和个人造福，在这一阶段惠普的重点是创造科技产品。而在重视全面客户体验阶段，惠普又确定了新的目标：希望能为客户创造一个可以让他们驾驭的科技世界，推动企业和个人的发展，帮助他们创造独特的价值。在这一阶段，惠普强调的是客户体验。

进行体验定位需要注意的问题

品牌体验定位是企业进行战略规划的重要组成部分，同时也是对企业来说非常具有挑战性的部分，事关企业在市场竞争中的成败。那么，企业在进行品牌体验定位的时候应该注意哪些问题呢？

1）品牌体验定位的确定要切合实际

要让客户通过品牌的体验定位主题就能理解企业的宗旨以及在与企业进行的交互中可能会获得的体验。不管进行怎样的体验定位，都需要比较明确的目标，而非模棱两可。

2）品牌体验定位要具有独特性

企业在确定品牌体验定位的时候要有自己独特的个性，这样才能与竞争对手区分开来。同时，富有个性化的主题也能帮助企业建立差异化的竞争优势。比如形式多样的主题餐厅、游乐园等都是依靠个性化的特色体验在竞争中脱颖而出的。

以餐饮行业为例，椒极火锅餐厅就是一个追求极致体验的典型案例。一个火锅品牌的成功，主要取决于其研制出来的口味能否受到消费者青睐，另外，就餐的体验、商业模式的创新等也是必不可少的要素。"椒极"不仅选择了高品质的最辣的辣椒，将口味做到了极致，而且在餐厅的设计理念上，从"玛雅文化"出发，让消费者在品味美食的同时，也能够体验到独特的品牌文化。

第五章　超级体验：以消费者为中心，为顾客打造极致的服务体验 | 151

椒极火锅内部装潢图　　　　　　　　　　　椒极火锅的体验定位

3）品牌的体验定位要始终围绕客户体验

品牌体验要跟着客户的需求走，如果客户的需求发生了变化，那么企业也应该对体验定位及时进行调整，同时还要注意前后品牌体验定位的一致性。

极致的服务体验：
"星巴克体验"背后的价值理念与营销策略

星巴克，想必大家都知道这个名字，并且了解它的主营业务是咖啡。然而星巴克的核心价值并不仅仅指咖啡本身的价值，还包括在提供咖啡的基础上附加的一种无形的价值，这种无形的价值就是消费者在饮用咖啡时获得的体验。

星巴克的"顾客体验"计划

"星巴克并不是一家提供服务的咖啡公司，而是一家提供咖啡的服务公司"，这是星巴克在经营过程中始终遵循的一条理念，也正因为如此，消费者在星巴克消费，享受到的不仅是优质的咖啡，还有独特体验。

星巴克在为消费者提供优质咖啡的同时，也在不断提升服务质量和水平，重视创新和个性化发展，为用户制造惊喜，以便让用户获得更极致的服务体验。

营造顾客体验场所:"第三空间"和"coffee houses"

"第三空间"这个名字是星巴克一条重要的营销理念,为门店赋予这样的名字,是为了给消费者创造一个除了家和工作场所之外的空间,在这个空间里大家可以聊天、交友,同时也可以一个人享受安逸的读书时光,因为星巴克门店遍布全国各大城市,因此在这个"第三空间"里,还可以让人们在陌生城市找到一点儿熟悉的感觉,增强安全感。

除了有固定的门店外,在北美地区的星巴克还成立了网上社区,增强与顾客之间的互动和沟通,同时鼓励消费者分享自己的体验,并提出自己的建议。网上社区被命名为"coffee houses",利用 Twitter 将所有的顾客聚集在一起进行沟通、互动,而星巴克也可以从社区中发现自己的工作缺陷或者寻找服务灵感,重新审视和调整自己的服务,让顾客更满意。星巴克认为只有真正了解顾客心中在想什么,才能对症下药,为他们提供能够满足他们需求的服务。

新式顾客体验方法:伙伴和顾客互动

星巴克的灵魂是"星巴克人",星巴克的员工都被亲切地称为"合作伙伴",他们就是星巴克体验的核心。星巴克为合作伙伴提供了一个广阔的发展平台,并将他们的利益放在首位,坚信只要有他们的支持,有他们的劳动和贡献,就可以提升服务水平,让顾客体验极致的服务。

星巴克非常重视对伙伴的咖啡知识培训,星巴克认为只有让伙伴更详细地了解产品,才能更好地向顾客介绍,从而以更加积极的态度投身到工作中去。

星巴克采用的是"一对一"式的服务,通过与顾客的直接沟通和互动加强与顾客的联系,并与之建立长期友好的关系。在招募伙伴的时候,星巴克有一条重要的原则,就是要对咖啡怀有热情和激情。星巴克对员工提出的要求是,如果顾客不小心将杯子弄翻了,员工首先要做的工作不是收拾残局,而是去安慰客人，告诉他们自己也有过这样的失误，让他们不必介怀。

星巴克非常注重伙伴与顾客之间建立的一对一关系，只有互相熟悉的伙伴和顾客才能产生更多的默契，这样一来，每一位顾客与一家门店和一个伙伴就构成了一种咖啡体验。对星巴克而言，只有亲密的互动关系，才能增强用户的黏性并吸引更多的客源。这种亲密互动不仅传播了星巴克的咖啡文化，提升了品牌的影响力，同时也为星巴克积累了一批忠实的粉丝。

星巴克从来不会将资金和精力放在广告等传统的营销活动上，在星巴克看来，其之所以能取得这样的成功主要是靠顾客对品牌产生的忠诚度。星巴克每次开店只开一家，它不追求大批量的生意，旨在为顾客带来最极致的服务体验，提升顾客的重复购买率和对品牌的忠诚度。

消费者进入星巴克消费的时候，咖啡师傅会耐心地为他们讲解咖啡的知识，并根据他们的喜好向他们推荐合适的品种，让他们可以喝到合乎自己口味的咖啡。星巴克在中国的四百多家门店里成立了"咖啡教室"，鼓励消费者参与其中，主要向他们讲解有关咖啡的知识和一些品咖啡的经验。

提升顾客体验的品质：特色服务和门店风格

星巴克在提升顾客体验的过程中除了为他们提供"第三空间"、优质的咖啡以及强调伙伴与顾客建立的互动关系外，还为顾客提供了可带走的咖啡服务以及具有本土特色的门店风格。

为了给消费者提供更多的便利，星巴克推出了外带服务，顾客可以将咖啡和点心带回家或者办公室食用。2007年星巴克将即饮饮料带进了中国，推出了星巴克瓶装星冰乐，让星巴克体验再一次从门店走进消费者中间，让他们可以在家里、上班时间和路上享受到星巴克的饮食，体验到星巴克的服务。

2011年4月，星巴克推出的VIA免煮咖啡登陆中国，这款产品的推出不仅延续了星巴克良好的体验，更使其摆脱了门店的限制，升华到更高的层次，走进顾客的日常生活，更贴近顾客。

除此之外，星巴克还非常注重音乐的使用，并将其作为顾客体验中必不可少的部分。星巴克门店播放的音乐是经过精心挑选的，有时候星巴克也会自主制作唱片，因此星巴克在美国被认为是"流行音乐商"，它非常乐意帮助顾客发现下一个流行艺术家。

在美国的星巴克门店里，顾客可以在音乐货架上找到当今最流行的音乐CD，顾客在排队买咖啡的时候可以从货架上拿一张自己喜欢的CD，就像是在超市结账随手拿一包口香糖一样。

星巴克在门店的设计方面，也非常注重与当地的习俗和文化相融合，将本土特色融合进星巴克顾客体验中去。与大多数快餐连锁店不同的是，星巴克门店的设计风格会根据门店的位置进行调整，装饰也会大不相同，从而为顾客制造更多的新鲜感。

星巴克在中国的门店设计中增加了很多中国本土的元素，比如北京的前门店、上海豫园店等，都渗透了浓郁的中国文化气息，同时又保留了星巴克原有的美式风情，二者恰如其分，相得益彰，让顾客在享受当地文化特色的同时，又感受到了浓郁的异国风情，这绝对是非常独特的门店体验。

除了门店的设计和装饰外，星巴克也在饮食上也力求本土化。星巴克在入驻中国市场之后，重视与中国市场的结合，推出了富有中国特色的饮食，比如星巴克月饼、星冰粽、中式星巴克茶、豆果蔬菜卷等，同时还专门针对中国传统的春节和中秋节推出了生肖储蓄罐和随行杯等，让顾客在享受优质美食的同时感受中国传统文化的氛围。

2009年，星巴克为了庆祝正式入驻中国大陆市场十周年，推出了一款星巴克凤舞祥云综合咖啡；在2010年又推出了3款中式茶，将中国的饮茶文化引进到了星巴克体验中。

在美国的星巴克门店，顾客可以使用免费的WiFi网络阅读《华尔街日报》

《纽约时报》《今日美国》精选版,同时还可以收听苹果商店和星巴克娱乐频道播放的流行音乐、浏览星巴克音乐博客上最新的音乐资讯,并利用iTunes将喜欢的音乐下载下来。

早在2003年,中国华北地区的星巴克门店就与中国移动签订了协议,在各个门店中设立无线局域网,为顾客提供一个可以独立思考的环境或者聊天交友的场所,真正实现了"第三空间"。这一举措不仅契合了顾客的心理诉求,也体现了星巴克高明的营销策略。

在"用户至上,体验为王"的时代,星巴克转变了营销策略,将营销重点放在了顾客体验上,创立了一种以星巴克体验为核心的"咖啡宗教",并让其成为星巴克的品牌标志,同时也让星巴克形成了一种独特的竞争优势。

顾客全体验:
移动互联时代,品牌与消费者之间的无缝对接

所谓顾客全体验,就是全面的顾客体验,它贯穿于搜索、选择、购买、使用、分享整个体验过程之中,是顾客在网络、数字营销平台、实体专卖店、官方旗舰店、社会化媒体、客服、物流等所有触点上享受到的一致性的、无缝接轨式体验。

移动互联时代,顾客全体验开始带有明显的社会化特征和感性特征,即极致、参与、互动与共鸣,这就意味着在顾客全体验的管理上,必须将其按照不同的维度分解,衡量指标也应该是实在的、具体的、可衡量的并且可改善的。

比如品牌专卖店的顾客全体验,除了实体专卖店购物体验之外,还包括线上旗舰店购物体验以及社会化互动体验,不同的体验来源意味着不同的核心维度,而顾客全体验的管理需要将这些全部包括。

在线旗舰店互动体验

相对于其他来源的顾客体验，在线官方旗舰店的购物流程最为复杂，从搜索、进店、浏览，到加入购物车、下单、支付、收货，再到收货之后的使用、评价和分享，整个流程涉及非常多的环节，包括商品质量、网页界面设计友好性、运营、客服、物流、仓储、快件包装、商务、EDM等，所有这些环节都是构成顾客体验的重要维度，任何一个环节没有做好，都将影响到最终的顾客体验。

在这些环节之中，每一个维度都不是独立存在的，它们彼此之间相互关联又相互排斥，比如商品维度，包括商品的丰富性、缺货率、商品本身的质量、价格、描述是否符合商品本身、详情介绍是否符合消费者的阅读习惯等等；再比如快件包装维度，包括包装材料是否环保、是否容易拆开、包装是否美观等维度。

提到Zara，一定有很多人对其人性化的快件包装印象深刻，这个来自于西班牙的服饰品牌在包装材料上使用了坚挺有型的纸板盒装作为内层包装，包裹服装的材料是细腻的半透明白纸套，外层则采用了与内包装贴合的灰褐色可封口式塑胶袋，整个包装看起来美观、平整、干净，与品牌形象十分契合，并且这样的包装很结实，能够保证商品在运送过程中完好无损。

在物流方面，Zara选择了以优质服务著称的顺丰作为物流提供商，保证商品能够迅速送达顾客手中。

顾客收到包裹之后，会发现这个结实又美观的外包装袋留有明显的开口处，很容易拆开，而且拆开之后外包装袋仍然保持完好，完全可以重复利用，方便又环保。

简单的快件包装环节，Zara让顾客感受到了品牌认真的态度，赢得了顾客的好感，在其他环节，Zara也是如此，正是由于对每一个环节的严格把控,才造就了良好的顾客全体验。

除了店铺运营需要注意的各种细节,官方旗舰店的定位更是商家需要重视的问题,只有定位明确,让顾客感受到在官方旗舰店购物与在其他网店购物不同,才能打造出独特的顾客体验。

比如家电产品的线上销售渠道,通常会包括天猫官方旗舰店、京东官方旗舰店、京东自营平台、授权经销商天猫专卖店、淘宝店等等,这些渠道提供的产品和服务都差不多,消费者在旗舰店购物并不能感受到与其他渠道的不同,所以品牌官方旗舰店的顾客黏性不高,喜欢在官方旗舰店购物的顾客所占比例只有一半,约有四成的顾客更倾向于在授权专卖店购买。

之所以会造成这样的现象,归根结底是因为官方旗舰店定位不清晰。在所有这些线上渠道中,京东、苏宁易购、国美在线等大型电商相当于"线上大卖场",经销商授权专卖店相当于"线上专卖店",官方旗舰店的定位应该是"线上精品超市"。

针对这个角色定位,品牌旗舰店应该在产品方面专注于高端产品、新产品及个性化、定制化的产品,在产品销售的同时兼顾品牌传播和用户社区功能,将店铺打造成一个囊括产品、品牌和用户互动的闭环。

专卖店购物体验

消费者在专卖店购物体验的好坏主要取决于店铺的空间设计艺术与购物行为科学的结合是否完美,二者结合的完美程度可以从多个维度来衡量。

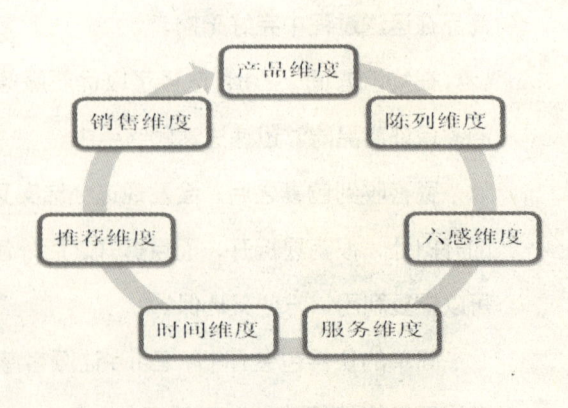

专卖店购物体验的衡量维度

1）产品维度

产品维度包括产品的品类、品质、价格、更新速度以及款式的多样选择性等等，与其他维度相比，产品体验显然是最重要的一环，当然，也是最为基础的体验，如果产品体验不好，那么其他方面做得再好也是白搭。

2）陈列维度

对于消费者，尤其是对空间非常敏感的女性消费者来说，产品的陈列维度也是购物体验中非常重要的部分，因此很多品牌都对专卖店的产品陈列有严格的要求。

比如美国最大的高端百货公司 Nordstrom，就要求每两个陈列货架之间的距离至少要保证两辆购物车或宝宝推车能够相向通过，或者两个背肩包的女士交错时绝对不会触碰到彼此，Nordstrom 认为，如果不能达到这样的标准，可能会引起女性购物者的不安，从而影响到其购物情绪，带来不好的购物体验。

3）六感维度

视觉、触觉、嗅觉、听觉、味觉等五感已被人们熟知，除此之外，作为第六种感觉的互动感，也在顾客体验中变得越来越重要。

位于北京三里屯的 Adidas 旗舰店在卖场的设计上充满科技感和时尚感，顾客一进门，首先进入视线的就是一个投射在地面上的动态炫色圆圈；顾客逛到鞋帽区域，只要将感兴趣的鞋子放在一旁的数字触屏上，立刻就能清楚地了解到这款鞋子的性能、特色等各种信息。

在位于上海南京西路的旗舰店里，Adidas 为人们展现了另一种风格。墙体涂鸦画、专业 DJ 播放的音乐配合投射的运动剪影、刻意粗糙的梁柱设计等呈现出浓浓的街头风，再加上 iPad 互动区、店内触屏广告，以及每周五举行的主题酒会，给进店的顾客带来了完美的第六感体验。

作为一个时尚服装品牌，H&M 在卖场内开设了咖啡馆，利用各种美味的小吃和香浓的咖啡满足了顾客的味觉、嗅觉体验；而 Nordstrom 百货公司则为顾客打造了颇具特色的智能试衣间，顾客只要扫一下衣服的条形码，就可以自助查找这款衣服的相关信息，比如是否有其他颜色或尺寸的存货。

4）服务维度

店员为顾客提供的服务能够直接影响顾客的购物体验，主要表现为店员是否主动招呼、是否和购物者互动等等。研究显示，店员主动上前招呼可以将每笔交易的成功率提高五成，而且店员和顾客的互动与商品的销量成正比关系，互动越多，平均销量越大。

5）时间维度

排队等待很长时间通常会被认为是服务质量低下的表现，包括顾客等待使用试衣间的时间、等待付款的时间等等，这些等待的时间越长，顾客的购物体验满意度就越低，所以在专卖店的管理上，要努力缩短顾客的排队时间。

顾客在店内停留的时间长短与是否购买商品、购买多少成正向的线性相关，所以要努力寻找让顾客在店内多待会儿的方法，比如利用音乐、电子互动设备、互动性强的小游戏、线上线下联动促销活动等留住顾客，从而提高顾客体验的满意度。

6）推荐维度

推荐维度是指顾客愿意向他人推荐的意愿，如果专卖店给顾客留下了令人满意的体验，那么顾客通常会乐于向自己的朋友推荐和分享，比如光临过

Adidas 上海南京西路旗舰店的顾客，往往都会微信分享这家店的信息，包括随音乐节奏起舞的街舞剪影、有四只袖口的卫衣以及全球只有 20 件的限量版运动套装。

7）销售维度

销售维度指顾客的购买转化率能直观地反映顾客体验的好坏。如果顾客体验满意度高，那么购买转化率当然就高；如果进店的顾客大都不会购买，那就意味着某个重要的体验维度出了问题，必须将这个问题找出来并且解决掉。

社会化互动体验

社会化互动体验指的是顾客与顾客之间的互动。为了更好地管理社会化互动体验，丝芙兰、Gap 等海外品牌都设置了专门的社会化媒体和沟通部门，而国内品牌在这一方面才刚刚起步，对社会化互动体验的管理尚处于萌芽阶段。

很多传统品牌企业都应该系统的应用评论、社区、视频、图片、会员线下活动等社会化媒体，除了将它们用于产品推荐和促销发布、鼓励和促进粉丝间的互动之外，还要强化一致性的、连贯性的品牌体验。

另外，企业还需要找到顾客全体验的真正驱动因素，将之量化，并做出针对性的改进，全面提升顾客体验。比如借助顾客体验评测等手段，国外已经开发出了一些成熟的在线评测技术，包括 Cooltool 的在线眼动追踪技术、Envirosell 的云测以及在线陪购技术等。

在线陪购技术是由研究咨询公司 Envirosell 研发的一种在线评测技术，这一技术能够实现顾客购买行为和路径的实时观察和记录，并通过记录的数据深度挖掘顾客的购物决策过程、动机、放弃购买的障碍、购物过程中的兴奋点、困惑和痛点，从而帮助商家找到销售环节的弱点，并有针对性地改进，最终实现购物转化率的提高。

【商业案例】宜家的体验式营销策略：深度揭秘全球最大家居品牌的营销秘诀

我们可以设想一下：当我们在选购服装时，如果这家服装店不能给我们提供试穿的服务，那么大多数顾客应该不会购买；当我们在选购电脑、手机等产品时，如果销售人员不愿意让我们体验产品的性能、质量，那么他们的产品肯定不会有太大的销量……

透过这些普通的现象，我们能够发现一些道理：顾客在选择商品时，如果有机会提前获得试用机会，那么就会更倾向于选择该商品。所以，从另一个角度来看，商家应当提供给消费者更多的试用机会，这样，才能更多地获得消费者的青睐。

固然，消费者不能苛求所有的商家都提供消费前的体验，比如选购家具时，大多数消费者都希望在购买之前能够亲身体验一下沙发是否舒适、衣柜的门是否开合灵活、耐用，但多数商家不会给消费者提供这样的机会，所以我们即使是到了实体店也通常会被告知只能看而不能亲自体验。

销售现场的设置刺激消费者感官　→　体验是从产品开始的　→　全程体验加深顾客印象　→　体验营销是一套系统流程

宜家的体验式营销策略

与多数商家不同，瑞典的宜家家居别出心裁，一改家居市场不允许体验的现状，主张让顾客进行全方位的亲身体验，这个主张获得了许多中国消费者的认同，使其快速开辟了中国的消费市场。这种独树一帜的营销手段，也为中国企业的运营提供了可供借鉴的方法。

销售现场的设置刺激消费者感官

我国多数家居企业不提供消费前的体验环节，他们怕顾客会损坏商品并且最后又不会购买，而宜家则特立独行，在其产品的展示处标示欢迎顾客体验，例如在卖场允许消费者拉开抽屉、在地毯上行走、在床上和沙发上进行全方位体验来感知产品的质量和舒适程度。这种亲身体验对消费者来说至关重要。

宜家的服务态度和服务方式，也与国内很多家居企业截然不同。国内家居企业的店员大多会跟着顾客的脚步，随时随地进行产品讲解和介绍，这种方式令许多消费者厌烦。宜家的店员一般不会这样做，他们会给你充分的自由，让你随意地参观和体验，最后根据自己的喜好作出选择。当然，你如果需要帮助，他们的服务一样细致周到。

这种方式，实质上是宜家通过销售现场的设置刺激消费者的感官，进而影响消费者的行为。销售现场的亲身体验方式会通过现场的感性信息来吸引顾客的注意力，这样就能在消费行为中对人们的决策产生影响。

所以说，在体验式营销中，改变人们消费行为的关键是创造独特的体验氛围和场景。

体验是从产品开始的

好的产品是好的体验的前提，否则，一切都是空谈。宜家自然懂得这个道理，卖场的场景设置是一方面，他们在产品方面也花了很多工夫，为了使产品的设计适合消费者，宜家在设计之前会有专门的人员进行深入的市场调查，并且和供应商进行全方位的交流和商洽,这样设计出来的产品会更符合消费者的日常使用习惯。

宜家非常重视消费者的实际需求,为了使产品人性化的同时能够更加精致,宜家会通过他们的卖场与消费者进行交流,卖场将消费者的反馈交给产品设计人员,设计人员根据消费者的需求进一步完善产品的设计。宜家的产品从设计到制作完成包括设计、材料的选择、测试、完工等环节,这个过程大概需要半年的间。其生产的产品因为使用方便而又舒适得到消费者的青睐和好评。

这是个以消费者的需求为市场导向的时代,盈利多的企业会更多地考虑消费者的需求,通过宜家的运营模式我们可以看出,依据消费者的需求和日常使用习惯而设计的产品,是体验营销的先行步骤和保障。

全程体验加深顾客印象

很多家居是买回家之后才进行组合的,所以经常出现这样一种状况:产品买回家后达不到消费者最初构想的组合效果。针对这一点,宜家通过样板间来展示不同的产品组合后所呈现的效果,这样,顾客就会更放心一些。

为了使样板间的设计符合消费者的需求和生活习惯,宜家提出消费者在购买之后可以按照自己的需求和喜好进行组合,为了使消费者安心,他们保证如果消费者自己组合的家居没有宜家样板间呈现出来的效果好,可以在60天之内退货,而且他们会提供进一步的服务,指导并教会消费者根据不同产品的颜色、材料、灯光等进行综合的搭配,以达到消费者的心理诉求和生活需要。

宜家的大件产品都可以拆分,消费者可以自己在家进行组装,同时消费者也可以事先在宜家进行亲身体验。为了帮助消费者更加顺利地进行组装体验,宜家会提供指导安装手册和相关的宣传片。

随着市场发展的成熟,消费者的消费意识也进一步发展成熟,宜家针对消费者对于消费过程体验需求的增长,不仅让消费者在现场体验,更是让其在自己家中体验安装过程，实现了从卖场到消费者家中的真正全套的体验过程，使消费者能够与产品零距离接触。

体验营销是一套系统流程

宜家的体验营销告诉我们，体验营销就是一切以消费者为中心，以消费者的需求为设计标准。不过，体验营销并不是传统营销的全面改观，只是更注重操作，更有利于实现预期的营销效果。作为一种营销整合管理体系，它更为系统和全面。

体验营销在运用的过程中最为重要的是，产品设计始终贯彻其中，商家要从消费者的角度来考虑，不能固守传统，只从自己的角度考虑怎样做好产品，而是要站在消费者的角度，设身处地地为消费者考虑。在进行体验营销时必须做好以下工作。

- 注重对消费者心理需求的研究和分析
- 注重产品心理属性的开发
- 注重整体营销的协调性

体验营销应注意的方面

1）注重对消费者心理需求的研究和分析

经济的发展使得人们在物质生活达到自己的理想水平后，开始追求精神上的满足，这时人们消费的目的由满足生活必需转向心理需求。人们会选择那些能够满足自己的感性需求或者能够产生情感共鸣的产品。所以，企业应该转换视角，侧重于产品在这些特性上的开发，从而为自己的发展开辟出道路。

2）注重产品心理属性的开发

现在的时代，消费的个性化特点日渐突出，人们在市场中的角色由被动转为主动，对产品的要求也越来越高，因而，能否满足消费者的心理要求成为企业营销的核心。企业应当认识到这一状况，适应时代特点，从消费者的立场去完善产品形象、品味、个性、情调等，并在此基础上提供给消费者体验的机会。

3）注重整体营销的协调性

体验营销是从心理需求方面满足顾客需求的活动，它是通过提供给消费者某种特定的氛围、环境或者场景，帮助消费者完成某个过程，消费者的主动参与是极其重要的一个环节。这就要求企业在体验营销的运营中保持各个机构之间的系统性和整体性，并将这种一致性贯彻到每一个运营环节中。

第六章 设置尖叫点

粉丝经济时代，寻找让消费者兴奋的尖叫点

随着移动互联网的迅速发展以及新兴媒体、社交网络的出现，一种颠覆传统、全新的商业模式正在悄然诞生——粉丝经济模式。所谓"粉丝"，泛指狂热和忠实的追随者、坚定的支持者和拥护者。对于企业的产品和品牌而言，要想建立品牌和粉丝群体之间的"情感信任 + 价值反哺"，就必须以用户为核心、以产品为驱动，打造出让消费者尖叫的产品！

引爆尖叫点：
用户核心 + 产品驱动 + 体验至上 + 口碑传播

移动互联网时代，很多企业在进行品牌转型，而转型的过程中会面临很多问题，但无论遇到什么问题，企业都要从用户价值的角度出发，做出符合用户价值的决策，若是违背了这个原则，企业哪怕取得了短期的利益，也必将会付出更大的代价。

用户主导是核心

以用户为中心不仅仅是一个口号，更需要做到实处。用户能够决定品牌的兴衰以及品牌的未来，当然这里的"用户"并不仅仅指普通的产品使用者，更是指那些对品牌有影响力、有发言权的用户，比如论坛的意见领袖，比如话题的发起人。

起步于2006年的"七格格"是一个以"时尚、独立、女性"为主题的潮流时装小众品牌。

每个月，七格格都会推出100~150个新款，每次推出新款，七格格都会提前将设计图上传到店铺，邀请用户投票选出最喜欢的款式，同时邀请用户提出修改意见，然后根据这些意见再次修改，修改结束之后再上传进行评选，反复几次之后才投入生产，上架售卖。

在这种模式下，消费者开始主动参与到新品的创作过程中，建议商家生产什么款式的衣服，甚至决定了品牌的时尚走向，并且消费者很喜欢这样的双向沟通。这种模式完全不同于以往设计师引领时尚潮流的经营模式，颠覆了人们对于品牌的传统认知。凭借这种双向沟通的模式，七格格开业仅半年就跻身于淘宝女装销售前列。

移动互联网时代，消费者变得越来越主动，开始越来越多地参与到从产品创新到品牌传播的所有环节，尤其是追求个性的 80 后 90 后，更希望在品牌研发过程中发表自己的意见，在他们的体验和分享中，也自然地完成了对品牌的传播。

市场环境在变，企业的经营策略也要随之转变，企业应该把更多的精力从产品转移到用户，尽可能让用户加深对产品的体验和感知，而不是生产出产品以后再努力说服用户购买。传统企业强调"顾客是上帝"，只重视付费购买产品的客户，而互联网经济崇尚的是"用户是上帝"，只要使用过企业产品的人，就能够制造和传播品牌的口碑，就能影响到品牌的未来，所以这个时代的企业要为所有的用户提供最好的服务。

产品为王是基石

说到底，品牌要靠贩卖产品为生，产品的品质要足够好，消费者才可能买账，如果产品品质不行，即便通过各种噱头、炒作成功吸引了消费者购买，那也只能是一次性的交易，等到消费者发现产品的质量有问题，届时引发的负面传播将对企业造成毁灭性的打击。互联网商业讲究的是"以用户为中心"，这就意味着企业首先要将产品做到极致，才可能实现用户体验的极致。

小米手机为了追求极致的用户体验，下大工夫制作了高配置低价位的手机产品。小米每一次推出的新品，一定用了当时业界首发的配置，并且将价格压到行业最低，这样才保证了"让用户尖叫"的效果。

通过促销、广告等各种方式让用户购买一次产品，很多企业都可以做到，但是让用户第二次购买,甚至终身购买自己的产品,能做到的企业就寥寥无几了。只有第一次购买的产品给用户带来了好的使用体验,用户才会第二次购买,只有对品牌产生了信仰,用户才会一生购买,所以说,品牌营销的终极目标就是培养用户对品牌的信仰。

产品是营销的基础,只有基础夯实了,才能够有营销的各种可能。无论处于什么时代,商业环境如何变化,商业的本质都是固定的,那就是用户和产品。

体验至上是关键

以前的商业社会是卖方市场,企业的经营围绕产品展开,在产品的功能、设计、质量、价格上努力满足客户的需求。随着互联网的发展和品牌的不断丰富,商业社会逐渐从卖方市场转入买方市场,消费者占据了主导地位,品牌成为消费者选择产品的标准,消费者对品牌的认知将直接决定企业的兴衰。

在卖方市场,商家与消费者掌握的信息极不对称,而随着互联网的普及,这种信息不对称的情况被彻底打破,产品信息变得越来越透明,消费者在交易过程中变得越来越主动,而消费者非常注重产品带给自己的体验,所以产品的用户体验变得越来越重要,甚至超过了产品的质量和价格因素。

消费者追求的产品体验,不仅仅是使用体验,还有很大程度上的心理体验,尤其是对奢侈品品牌和小众品牌来说,产品为消费者带来的心理体验更为重要。

比如,许多女生都梦想拥有一个 LV 手包,购买力比较强的女生甚至会买很多 LV 包,尽管 LV 的做工无可挑剔,但就包包本身来说,怎么也不能匹配动辄上万的价格。消费者之所以愿意买单,主要是为了 LV 所代表的身份和社会地位,也就是品牌价值。这也是众多传统品牌的出路,就是通过塑造出与用户价值契合的品牌文化,来增加产品的内在价值。

很多企业都有自己的品牌文化,比如麦当劳的品牌文化突出家庭式的快乐,但是这种品牌文化是企业以自己为中心制造的文化,是企业向消费者单向输出的文化，并不能得到消费者的主动追随，而我们所倡导的品牌文化，是以消费者为主角，按照消费者的期望创建的品牌文化。

以前，企业将产品销售给顾客之后，二者之间的关系就结束了。现在，企业追求的是用户体验，产品销售是企业与用户之间关系的开始，如果用户对产品的使用体验感到满意，就会主动为产品做宣传，用户本身也就成了企业的粉丝，这也是企业营销的理想境界。

为了达到这样的效果，企业除了不断提高产品的品质之外，还要将客户服务做到极致，最好能够超出消费者的预期，不但要满足客户使用的需求，还要满足客户更高层次的心理需求，从而增强客户的满意度与忠诚度。

在物质条件极度丰富的今天，产品已经高度同质化，企业竞争的重点就在于用户体验。好的用户体验应该从每一个细节开始，给用户带来惊喜，并且让这种惊喜的感觉贯穿品牌与消费者沟通的全部环节。

从传统工业经济到现在的体验经济，消费者的身份发生了改变，从被动的价值接受者，转变为用户体验的共同创造者，相应的，企业也应该及时扭转自己的经营战略，抛弃以企业为中心的价值创造思维，转向企业与消费者共同创造价值的思维。

口碑传播定成败

移动互联时代，消费者变得越来越主动，拥有越来越强势的发言权，与狂轰滥炸的广告相比，他们更愿意相信网友间的口碑流传，在这个时代，可以说，网民的集体共识决定着企业的品牌命运，传统的广告营销方式能够起到的作用越来越小，而那些具有良好口碑、积极与网民互动的企业，将更有可能成为这个时代的赢家。

移动互联网彻底颠覆了品牌依靠强势媒介与受众沟通的传播模式，消费者越来越不相信单向的广告传播，他们对事物的判断更倾向于自己了解的媒体或渠道，比如微博、微信等身边的社会化媒体。

在消费者看来，微博上各位大咖、权威人士等意见领袖的言论和声音比广告可信得多，他们是消费者关注的偶像，他们的公众页面是消费者重要的信息渠道，消费者对他们有信任基础。与微博相比，消费者对微信的信息更容易相信，因为微信朋友圈建立的基础就是自己的社交圈子，微信传达的信息都是朋友们的反馈。

随着消费者获取信息的渠道越来越多，权威媒体逐渐沦为众多发声管道之一，消费者更愿意相信自己的判断，如果企业不能适应这种转变，还是坚持以往的做法，必然会被消费者摒弃。反过来说，如果企业将产品和服务做到了极致，为用户提供了超出预期的极致体验，自然可以赢得用户的口碑，即便企业自己不去推销，消费者也会自发地为企业制造和传播好的口碑，为企业带来更多的客户。比如火锅品牌海底捞，就依靠着极致的服务赢得了极高的美誉，甚至成为一个热门话题，当然这样的口碑也为海底捞带来了源源不断的生意。

用户、产品、体验、口碑是现代企业的立身之本，并且环环相扣，只有用户参与、主导才能做出让用户满意的好产品，有好产品才有好体验，有好体验才有好口碑，有好口碑才能激发更多用户参与到产品设计中。只要能真正做好这几项内容，企业在移动互联时代面对的就是数不清的机遇，反之，摆在企业面前的就是各种各样的挑战。

令人尖叫的品牌故事：
企业品牌为什么要学会"卖故事"？

与其向你的消费者苦口婆心地介绍产品的性能和功效，不如用一个故事来打动消费者,在情感层面上引起他们的共鸣,从而提高其对品牌的认可度。

在内容营销中有一个流行的概念叫 story telling,翻译成中文就是讲故事。内容营销就是不通过广告和推销的方式让客户获得和了解信息,而是将自己的故事用一种人们都能接受和喜闻乐见的方式表达出来。

内容营销不仅可以通过一种独特而有趣的方式为人们讲述一个品牌故事,而且可以让用户对公司和品牌有更深刻的了解。通过一个引人入胜的故事让用户对品牌产生浓厚的兴趣,从内心深处肯定和接受品牌,在顾客和品牌之间搭建起有效的沟通桥梁。

New Balance 在产品发布会上用一段简单的旁白向人们讲述了 New Balance 工匠制作 New Balance 990 和李宗盛制作一把木吉他的两个故事,故事的结尾"专注做点儿东西,至少,对得起光阴岁月。其他的,就留给时间去说吧",唤起了人们对工匠精神的敬仰,使 New Balance 的品牌格调又上升了一个档次。

王石通过向人们讲述其登山的故事,为万科节省了一大笔广告费;海尔砸冰箱的故事让更多的人重新认识了海尔,也让海尔的品质再一次赢得消费者的信任……用故事取胜的例子不胜枚举。

品牌为什么要学会讲故事?

为什么企业要学会讲故事?为什么有这么多的品牌依靠故事得到了消费者的认可和肯定?原因就在于人们都喜欢听故事,人们的大脑对故事也有浓厚的兴趣。

当人们开始尝试理解某种事物或东西的时候,大脑就会自动开启挑战自我的机制,不断寻找建立连接和刺激的方法。人们容易对一些有情节的东西产生情绪上的反应,无论是一场好戏还是一篇好新闻。情绪上的反应是大脑在接受了资讯之后产生的刺激,一个故事可以让人的大脑产生一种迷幻的意识。

给消费者讲故事,是企业在品牌与消费者之间开创的一种全新的沟通方式,在这种沟通方式中,双方不再是买卖的关系,而是讲述者和倾听者的关系,因此品牌要学会讲故事,借助故事情节的发展来开展内容营销,可以在营销预算不提高的情况下获得更好的营销效果。

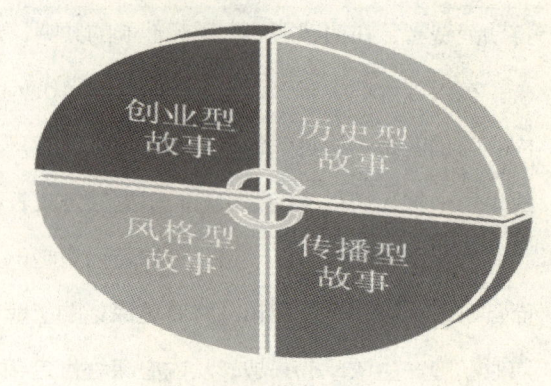

企业故事营销的类型

品牌应该怎样讲故事?在已有的品牌中,他们在讲故事的时候都讲了些什么?

1)创业型故事

2014年9月,就在阿里巴巴即将上市期间,马云的故事委实在网络上火了一把,让更多的人对马云充满了敬佩。在创建阿里巴巴之前,马云只是一个名不见经传的业务副理、市场部主管,当马云功成名就之时,人们更愿意掀开过往去了解他成功之前的事情。

一个品牌从无到有的过程是成就一个品牌的关键,在此期间创业者的个性和创业时期的故事,造就了品牌的基因和形象。

在讲创业故事方面,奢侈品品牌可以称得上是绝顶高手。一般而言,不管企业采用什么样的营销方式,最终的目的都是为了提升销量,增加营收,但是对奢侈品品牌来说,营销的长期目标是在消费者的潜意识中进行品牌植入,让消费者从内心深处接受和认可品牌。奢侈品品牌每当进入一个新市场或者推出新产品,都会通过讲故事的方式揭开品牌的神秘面纱,从情感方面入手让品牌进驻人们的内心。

Coco Chanel 的 Chanel Style

香奈儿在官网上将自己的创业故事以视频的形式进行播放，在故事中，描述最多的就是创始人 Coco Chanel 的事迹。香奈儿是一个拥有百年历史的世界著名品牌，在时尚界有着举足轻重的地位，而 Chanel Style 也凭借其简约、时尚、高雅的风格受到社交场上优雅知性女性的追捧和欢迎。

创始人 Coco Chanel 本身也是一个有着离奇故事的人，她的遭遇、名利和成就赋予了她无穷的创作灵感，她从自身经历出发创作了品牌的故事，消费者对香奈儿的热爱很大程度上是源于对 Coco Chanel 女士的敬仰，这表明香奈儿的品牌故事已经打动了很多人，这种品牌植入的方式无疑是成功的。

2）历史型故事

时间也是品牌资产的一部分，一个优秀的品牌就像一坛酒，经历的时间越漫长，酒才越醇香，品牌也才会散发出独有的历史魅力。

热水器是一个不太出彩的品类，当年一句"万家乐、乐万家"的广告语虽然传遍了千家万户，但是许多人对于"万家乐"这个品牌还是一无所知。同样是做热水器，美国的一家热水器品牌就采用了一种聪明的做法，向人们深刻阐释了这个品牌。"我家的 A.O. 史密斯热水器已经用了 52 年"，既表明了热水器的品质，也传达了品牌的历史厚度，提升了人们对这个品牌的信任度。

代代相传的百达翡丽

百达翡丽是瑞士著名的钟表品牌，位列世界十大名表之首，"开创属于自己的传统"这句广为人知的广告宣传词已经成为百达翡丽的品牌标识,百达翡丽强烈的情感表达和传递不仅推动了广告宣传活动的开展,同时也融合了顾客的人生价值和百达翡丽第四代掌门人泰瑞·斯登(Thierry Stern)一直以来信守的理念,在品牌和消费者之间建立了一种情感的连结。

百达翡丽曾推出过一则广告影片,影片中的一块手表成了父子间情感维系的纽带,生动形象地展示了一个"代代相传"的故事,让众多不同文化背景的顾客都为之动容。"没有人可以拥有百达翡丽,只不过是为下一代保管而已",这样一句朴素又不失高贵的语言向人们传递了品牌所蕴藏的持久质感。

3)传播型故事

有的品牌既不是大牌,也没有丰厚的历史底蕴,那么应该讲什么样的故事呢?

对一个新品牌而言,能讲一个好故事比投入大量广告费的效果要更好,同时也可以让品牌迅速地成长,在众多同类产品品牌中脱颖而出。褚橙就是一个很好的例子,褚橙的名字来源于其种植者褚时健,结合褚时健不寻常的人生经历,褚橙也被称为励志橙,褚时健的故事打动了许多人,也让褚橙被更多的人所熟知。

在褚橙上市的时候,王石在微博上对其进行声援,并引用了巴顿将军的一句话来赞扬褚时健:"衡量一个人成功的标志,并不是看他登到顶峰的高度,而是看他在跌落谷底后的反弹力。"褚时健用自己的行动书写了褚橙的传奇,除王石外,潘石屹、梁冬等知名人士也纷纷发表微博声援褚橙,褚橙在故事传播中也被赋予了一种励志、上进的内涵,品牌形象更加积极向上。

维吉达尼主打"农户故事"

淘宝平台上的一些品牌,也打出了"故事"牌,比如在淘宝崭露头角的农产品品牌——维吉达尼,在维语中,这个名字是良心的意思。创业者在淘宝店铺、微博、微信上将农户的故事融进了产品之中,每一个产品都代表一个故事。

在店铺刚成立的时候,维吉达尼就用农户实名发布了几条微博,获得了姚晨、周鸿祎等名人微博的关注和转发,使得刚成立的维吉达尼的名气迅速提升,同时维吉达也被贴上了有温度、有情怀的品牌标签,可以说"故事"牌这一招维吉达尼运用得很成功。

现在维吉达尼在新疆已经拥有了五百多家合作的农户,在网上重复购买的顾客大约有三万多人,农户与消费者之间已经形成了一个温暖的社群,不仅有利于农户的产品销售,同时也让消费者享受到了更多的便利。

4)风格型故事

有的品牌讲故事是为了塑造自己的品牌风格,通过走差异化路线的方式吸引消费者。事实上这个道理很简单,就像在现实生活中没有个性的人一般不会受到关注,而有个性的人则容易引人注目。

品牌走差异化的路线也是这个道理。当品牌树立了自己的风格之后,只要一提到这个风格,人们就会想到这个品牌。饮料行业中同质化现象比较严重,如果通过讲故事塑造品牌风格就可以与其他品牌明显区分开来,引起消费者的关注。

比如葡萄酒行业就形成了一套成熟的标准,品牌内涵的影响因素不仅包括产地、酿造过程、历史、食物的搭配方式,也包括产品的价格,甚至于相邻的葡萄庄园。在国内的白酒行业,不同的品牌也有不同的"性格"和特色,洋河是绵柔的象征、古井是年代的象征、种子是柔和的象征、口子是窖藏的象征……每一种品牌都有一种独特的魅力，每一种"性格"越明显，品牌的发展往往会越好。

星巴克的"地理即风味"

假设一个场景：你在咖啡厅里想要点一杯咖啡，你怎样向店员描述你想要的咖啡的口味？是温和的味道，还是酸酸的水果味，抑或是有一种醇香的坚果味？事实上大多数消费者是描述不出来的。2005年的时候，星巴克为了能让消费者区分不同咖啡之间的差别，对不同产地的咖啡采用不同的咖啡包装，让消费者知道自己钟情的口味产自于哪里。

星巴克的咖啡豆主要来源于美洲、非洲和太平洋地区，每个地区的咖啡豆都有各自的特色，像肯亚咖啡与斯丹摩咖啡都带有东非咖啡的酸度和水果般的味道，所以分辨起来不是很容易。但是肯亚咖啡与苏门答腊咖啡相比的话，两者的差异就比较明显，产自太平洋地区的咖啡则带有一股泥土的芳香和草本香。

品牌的故事永远讲不完，但故事并不是万能的，而且再好的故事讲多了也不会起到正面的效果，企业应该记住讲故事的重点不是故事本身，而是讲故事的方法。

抓住互联网天时地利的时机

在互联网还未发展起来的时候，品牌要想讲故事需要投入比较高的成本，比如买版面、买时间段，而且还不能随心所欲地讲，对于内容营销的开展有很多障碍。而今随着互联网的发展，品牌可以随时随地讲故事，那么与过去相比，在互联网时代讲故事具有哪些优势呢？

1）日积月累，永不过期

在互联网上讲故事可以不用顾虑时间的限制，在报纸上发广告，今天的报纸看完明天就会扔掉，等一个月之后，广告已经从大众的眼前消失了，但是如果将一张童年的照片放在互联网上，就算到你头发花白时，它也不会变成发黄的老照片。

与传统的媒介相比，品牌可以利用互联网时间上的优势，一步一步地在网上构建品牌故事，并最终将品牌故事变成品牌的内容资产，进而兑换成消费者对品牌的信任度和忠诚度。

企业在互联网时代讲故事的优势

2）铺天盖地，无孔不入

以前，你可以主观避开一些广告，电视台可以换台，报纸可以直接选择跳过。但是在互联网高速发展的时代，广告已经变成人们逃也逃不开的一种事物，只要打开互联网，各种各样的广告就会铺天盖地地涌来，再加上多屏互动和碎片化触媒的出现，为品牌讲故事提供了更丰富的渠道。

3）随心所欲，想讲就讲

在互联网时代，每一个企业都应该是一个自媒体，通过向公众传递和输出有价值的信息和内容，为他们提供便利，赢得他们的信任，品牌的产品自然就比较容易得到他们的青睐。因此互联网的发展可以让品牌随心所欲地讲故事。

4）社交需求，故事互动

Facebook认为，在社交平台上出现的广告已经不再是传统的广告，而是

第六章 设置尖叫点：粉丝经济时代，寻找让消费者兴奋的尖叫点 | 179

故事。在社交关系链中进行的各种互动、评论和转发，都伴随着社交化的网民行为，在社交平台上出现的广告更精准和有效，进一步淡化了传统广告的存在感，同时也使得被故事化的营销信息在社交关系链中可以自由地传递。

用户关系链的融合和网络媒体的社会化重构，为企业进行社会化营销创造了有利的条件，激发了他们开展社会化营销的热情。社交媒体已经创新了一种全新的定制式广告模式，通过产生需求的方式来吸引和引导用户与品牌的互动，提升品牌的影响力。

耐克的创意经济学：
如何打造出一款令人尖叫的创意广告？

创建于1971年的耐克（Nike），是全球著名的体育运动品牌。"Nike"一词的原意是希腊胜利女神，她象征着速度、动感和轻柔。另外，耐克（Nike）这个名字不仅易读易记，而且叫起来非常响亮，容易在消费者心中留下比较深刻的印象。

作为一个从田径场和体育馆逐渐成长起来的品牌，耐克如今已是家喻户晓，之所以能获得今天这样的成功，除了其不断研发和推出新产品以外，更重要的是其品牌创意策略对品牌发展的推动作用。

从耐克品牌的整个成长过程来看，不管其广告创意策略如何改变，都始终围绕着品牌的核心价值，即人类在运动中突破自我、

耐克（NIKE）的LOGO

挑战自我的体育精神。

耐克在确定了品牌的核心价值和使命之后，无论在哪里进行推广，都始终秉持着品牌的核心，表现了品牌准确的市场定位。同时，耐克在进行品牌推广的过程中，还根据各国不同的文化背景、市场特色、消费特征等因素，创造了风格迥异的广告，让各国的消费者可以更好地接受这个品牌。

从某种程度上来讲，耐克是一种被物化了的体育精神，产品的功能已经融进了品牌所代表的情感和价值当中，这也是一个成功品牌的精髓。一个优秀的广告创意是指产品在满足人们基本的心理诉求的基础上，增加了视觉美感和情感的体验，对消费者来说这不仅仅是一种产品，更是一种情感的寄托。这种品质与情感之间的兼容并蓄共同缔造了耐克的品牌形象。

耐克在进行广告创意的时候始终遵循十三条重要的创意法则，具体来讲如下。

★创意法则一：篮球不是球

每一个优秀的品牌都会找到一种天然的寄托，可以帮助产品演绎出一种自身无法表现出来的特征。作为一个运动品牌，耐克将自己的品牌形象与篮球紧密结合在了一起，形成了一种天然的关系，用篮球运动的魅力为人们带来不一样的品牌体验。

借助篮球运动的魅力来构筑品牌形象，这是耐克长久以来始终遵循的一条法则。耐克选择了以乔丹为代表的美国黑人运动员为产品代言，用篮球将品牌的内容推向了一个高峰。篮球已经失去了其作为"球"本身的意义，而成了耐克品牌的一种象征。美国NBA的盛行和其在全球无法替代的影响力，使耐克成为美国文化的象征，从一个简单的品牌形象演变成了一个国家的文化符号。一个品牌一旦与国家的文化融为一体，就会被赋予一种神奇的力量，这种力量对消费者而言是无法阻挡的。

★创意法则二：用速度征服速度

1998年耐克推出一款新型的气垫运动鞋，为了表现产品的优良性能，耐克在广告创意上可谓是煞费苦心。在广告中，一个运动员在沙漠中奔跑，同时在沙漠中奔驰的还有一支赛车队伍，通过这样的强烈对比，让人们展开想象：到底是车快还是人快？到底谁才是这场比赛的赢家？同时，人们对这款气垫运动鞋的优良性能有了更大的想象空间和期待。

在这个广告创意中，广袤无垠的沙漠，黑白相间的视觉对比，汽车、运动员的速度和力量，都巧妙地表现了产品的特征和性能，将产品拥有的物理个性演化成一种人征服速度，挑战自我的精神象征。

速度对比是耐克在广告创意中经常采用的一种手法，穿上耐克鞋，就可以帮助你完成征服速度、挑战自我的梦想。这也符合人类一直以来对征服速度的渴望。

★创意法则三：让产品有"思想"

耐克的广告创意中一直非常重视年轻人在其中扮演的角色，1997年耐克推出一则广告，其中有这样一句话强调了年轻人的重要性：一个社会如果不相信年轻人注定是要失败的，或者说是一个残缺的社会。这句话在品牌和年轻人之间搭建了桥梁，使品牌拥有了思想。这组广告选用了一组年轻人的特写，通过其刚毅的面庞、冷峻的风格表现了耐克坚毅、刚强、充满活力的个性特征。

耐克在广告创意中不仅擅长用人物来反映产品的特征和性能，还擅长在人物和产品之间找出能折射思想的点，使产品表现出一种独具智慧的"思想"，从而引起消费者的共鸣，在其心中沉淀出对品牌的认知。

★创意法则四：抓住灵魂

1997年，英国一家广告创意公司为耐克创作了一组广告，一反耐克以往的创意套路，采用了更为大胆的表现手法，用卡通式的夸张的创意风格为世人上演了一场"鞋鬼情未了"的剧情，不禁让人感叹：耐克的品牌魅力就连鬼也无法抗拒。

其中一则文案写道：快跑——即使你去世之后，你的灵魂也可以在地球上散步。语言诙谐幽默，结合了英国特有的文化背景，但是不管这组广告如何大胆和创新，仍然与以往的广告创意一样都在表达一个相同的观点："穿上耐克鞋，你可以跑得更舒适和更快"，即使是你的灵魂，也可以获得同样的体验。

★创意法则五：让产品说话

随着全民运动的普及，越来越多的人加入到了运动的行列中来，这对耐克来说是一个有利的条件。为了进一步提高市场占有率，耐克除了采用篮球运动来彰显品牌个性之外，还将市场扩展到更大的范围，将产品定位为大众化的品牌，让更多的人可以参与到这场以运动为名的盛会中来。

广告中采用了正在风雨中骑自行车的运动员的形象，表现了一种在困难面前一往无前、不屈不挠的精神，同时也彰显了人们在与自然抗争的过程中顽强拼搏、挑战和战胜自我的精神。

在广告文案中有这样一句话："寒冷叫嚣道：放弃吧；风怒吼着：回家去吧；而你的衣服则告诉你：太阳每一天都是新的！"文中并没有提到耐克的字眼，但是却真实地打动了消费者，在消费者和产品之间架起了一座沟通的桥梁。

生活中人们会遇到各种各样的困难和挑战，只有乐观积极地面对生活，人们才能从中收获更多。而耐克将人们从容乐观面对生活的态度巧妙地融进了广告创意中，相比于说教，这种方式更能让人们接受和认可。

耐克通过让产品说话的方式，直观反映了品牌的形象，向消费者传递了品牌的价值观。

★创意法则六：让不可能成为可能

一个优秀的广告创意就是要将生活中看似不可能的事情变成可能，当然其中必然要有产品的诉求，创意的具体要求就是要找到产品和事物之间的某种联系。

耐克有一则广告，主角是著名的跳远运动员Jackie Joyner-Kersee，在画面中运动员跨越了一段在常人眼中不可能跨越的距离，用一种比较夸张的手法表达了运动员有一种变不可能为可能的力量，而秘密就在他们穿的运动鞋上。画面中除了耐克的标志之外，没有任何关于产品的信息，但是却让人们通过其内在联系对品牌展开了丰富的想象，甚至有了去征服不可能事情的勇气和力量。

★创意法则七：老当益壮显身手

耐克品牌的广告创意最关键的一点就是人性化，能够直击消费者的内心，得到他们的认可和赞同。耐克用老年人老当益壮、身手矫健的广告创意向人们展示了生命在于运动的哲理，虽然有些夸张，但是人们对此也可以欣然接受。

耐克在广告创意中将人的生活和生命融进了品牌个性中，将生命与运动有机结合起来，同时反映了人们对生活、生命的一种心理诉求和期盼。虽然耐克启用了老人的形象，但是却并没有因此而弱化品牌的个性，反而进一步强化了耐克品牌对健康、生命的一种诉求，这也是该创意能够获得成功的关键。

★创意法则八：究竟谁怕谁？

在这一法则的利用上，耐克采用了反向思维，在画面中，一轮明月、干枯的树木，为人们勾画了一个荒凉恐怖的旷野场景，一群人在奔走，"是狼害怕你，而不是你怕狼"，而文案的副标题是："晚上就如在家里"。

该广告描绘的是人们在生活中可能会经历的情景，耐克的产品融进了恐怖和夜色中，表现出一种能够让人们克服恐惧、战胜自己的品牌个性。优秀的创意即便处在黑暗中也能发出灿烂的光芒，关键是要找到品牌特性和人们日常生活的内在联系，然后通过某种手法将其表现出来，耐克在恐惧、黑夜、荒凉的反面素材中找到了品牌的联想力，恰如其分地表现了品牌的特性。

★创意法则九：善用明星效应

对于许多运动品牌而言，让体育明星为产品代言，一直是他们在广告创意中最有力的武器。

耐克曾选择网球巨星阿加西作为品牌形象代言人，阿加西所奉行的网球价值观是"不仅要狠狠地击球，更要狠狠地打击对手的自我意识"。耐克将这句话融进了广告创意中并配以阿加西击球的瞬间动作，向消费者传达了耐克品牌在群雄逐鹿中追求成功的理念，也满足了消费者崇尚明星、渴望成功的心理诉求。要注意善用明星效应而不是滥用，让明星成为品牌的形象和精神的代言人，而不是成为产品推广的工具。

耐克正是因为恰当有效地选择了多位体育明星，才没有让品牌的特点被明星的光环所淹没，而是让其照耀着品牌成长。

★创意法则十：图腾

人类最原始的崇拜就是图腾崇拜，很多体育明星的崇拜者将偶像的名字纹在了身上，这里的纹身已经不再是一种简单的图案，不再是为了追求美的体验，而是演变成了一种外化的心理诉求和精神期盼。

耐克使用纹身创意蕴藏着一个内涵：精神就是一种心理的图腾，耐克可以将图腾变成现实。耐克的标志对消费者来说不就是一种纹在心中的图腾吗？

"有全能的正手打保护着我"，利用纹身创意将品牌和图腾联系起来，是一种别具一格的创意方案，很显然，这里的图腾是一个网球体育明星的崇拜者设计的。纹身创意使耐克品牌和图腾在精神层面融合在了一起，广告中采用了原始手绘的图形，与具有现代化气息的耐克标志形成鲜明对比，让消费者在意念的想象空间中探索两者之间的奥秘。因此优秀的广告创意是可以突破原始与现代之间的界限的。

★创意法则十一：跑或不跑

比较也是各品牌在进行广告创意时普遍采用的一种手法，如果能在比较中既不伤害对手，又体现出自身包容的个性，那就是一则优秀的品牌创意广告。

在耐克品牌的广告创意中经常能看到这样的比较性广告。将生活中随处可见的现象拿来应用在广告中是这则广告的亮点，"今天，你要么跑要么不跑",为人们提供了两种生活形态,让人们进行选择,跑或不跑没有对错之分,但是如果选择了耐克就等于选择了生命的流动,在广告中耐克并没有主观地认为跑是人们生活中的唯一选择,体现了一种包容的态度,表现了品牌的气度。因此一个优秀的广告创意一定要表现出对不同生活态度的包容,比较创意并不是为了打击竞争对手,而是要包容与自己行为方式不同的人和事。

★创意法则十二:要穿不要熨

2000年耐克推出了多元化的产品种类,在品牌形象的表现上与以往相比显得更加温柔和女性化。这则广告展现了品牌怎样由里及外地表现产品的特性,关键是要让消费者在使用中亲身体验。

耐克品牌旗下除了运动鞋之外,还有运动装,并推出了运动装的广告,广告利用一个非使用熨斗的标志和黑白虚拟的人物画面,表现了产品的特色,也向人们阐述了一个道理:护理运动装的最好方法不是用熨斗,而是用身体。运动装的价值只有在运动中才能体现出来。这种创意风格很现代化,是耐克在创意上的一个大胆突破,但是创意始终围绕和突出"运动"这个永恒的主题。

★创意法则十三:我爱橄榄球

优秀的创意是要找到与产品有内在关联的象征,只要秉持着这一点,伤痕也可以做创意。

耐克一则广告的标题是:"我爱橄榄球",即使故事的主角已经伤痕累累,但仍然没有放弃对橄榄球的追逐和热爱。广告中用黑白照片的风格,表现了一个布满伤痕的男性脊背,整个画面充满了一种阳刚之气,表现了耐克追求的不屈不挠、永不言败的体育精神,其中也蕴藏着耐克打动人心的魅力。

品牌在发展到一定阶段,拥有了一定的知名度和可信度之后,就可以借助某种象征来间接地表现产品的内涵和特性。当然要达到这一步企业要付出巨大的努力。消费者对品牌的品质认知度是品牌在消费者心中形成品牌印象的基础,这就是人类运动伤痕与产品之间的关系。

综上所述，耐克品牌的广告创意可以总结为以下几点：

品牌就像人一样，只有保持其核心价值和信仰不变，才可能实现和成就自我；

品牌要保持一个比较长久的形象特征，不管用什么手法表现，要始终坚持到底，自觉抵制中途可能出现的诱惑；

广告创意并不是进行自我表白，核心是要能打动人、感染人；

树立品牌形象除了要有优秀的广告创意之外，还要有产品品质做后盾。

参与感导入O2O：
激发用户参与的欲望，提升品牌忠诚度

纽约的耐克城作为品牌体验店的典范，吸引了众多的参观者。而亚洲最大的耐克体验店在上海的落户，也使得品牌体验店逐渐在国内呈现出星火燎原之势，包括鞋服、汽车、电子等在内的诸多行业都在尝试通过这样的方式提升品牌的影响力。

位于上海淮海路商圈的耐克体验店拥有4层超大豪华体验空间，占地3700平方米，除了展示种类繁多的产品外，该体验店还推出了多种运动文化体验，比如：定期或不定期组织的跑步俱乐部、NTC训练课程、球鞋疯会等。而且，这些活动的参与方式简单方便：市民到体验店内报名即可免费参加。其中，NTC训练课程是针对女性的一项课程，每周三晚开课，来自香港、台湾等地的专业教练会给成员讲授强身健体、塑形、燃脂等方面的方法和技巧；而跑步俱乐部的活动每周四晚进行，专业的训练师会带着成员从体验店出发，根据天气

等因素决定当晚的锻炼时长，并提供专业跑步训练指导。

不仅如此，该耐克体验店内还设有国内首个耐克数字挑战中心。来到店内的消费者可以通过耐克推出的最新科技"Nike+"，将自己的运动数据与世界顶尖运动员进行对比。另外，消费者还可以在体验店内的大型空地体验区参与橄榄球、网球、足球等运动。

上海淮海路商圈的耐克体验店实景

在品牌体验店方面，国内的企业也有尝试，但相比而言，模仿的成分居多，具体的设置仍缺乏特色。比如：国内知名的鞋服品牌美特斯·邦威在重庆打造了一家号称体验店2.0版本的全品牌集成店，囊括旗下Metersbonwe、Me&City、Me&Citykids、Moomoo四个品牌。不仅在规模上超过上海的耐克体验店，有四千多平方米，而且在硬件配备方面也十分先进。为了让顾客买到更适合自己的衣服，店内的每个楼层都配备了时尚搭配互动装置，顾客可以通过扫描衣服的条形码得到适合自己的搭配建议；每个店员都随身配备了iPad，顾客在选好商品后可以进入iPad的云支付系统，通过支付宝或微信进行支付；当顾客喜欢的商品缺货时，店员可在线进行记录，调到商品后为顾客提供送货上门服务……

虽然美特斯·邦威的体验店在O2O等方面已经非常完善，但仍然存在一些可以改进之处，比如：重销售，轻文化；重展示，轻体验等。

以 O2O 为特点的品牌体验店的创意体验

真正的体验式营销，除了为顾客提供体验产品性能的便利外，还应该为顾客提供一个互动沟通的平台，并通过获得顾客的反馈来进行产品的改进，最终打造出更具有用户黏性的品牌。

1）以 O2O 为特点的品牌体验店的创意体验，除了以产品为核心外，还应该融入相关的文化。

在美国，耐克所代表的已经不仅仅是一个运动品牌，还代表了一种运动的文化。美国的一家户外用品店，就成功地借鉴了这种理念。商店内部真实地模拟了野外活动的有关场景，顾客如果想购买冲锋衣，可以到风雨室体验其应对不同级别风雨的效果；在登山鞋的区域也有专门的登山体验区。

2）以 O2O 为特点的品牌体验店的创意体验，可以发挥大数据的价值，让体验店发挥品牌的营销价值。

比如：某服装品牌体验店的每件衣服上都设置了一个专属的二维码，后台的人员可以根据二维码的信息和会员系统进行分析，了解每款衣服的试穿率、成交率，以及不同顾客的喜好，进而为以后产品的设计和摆放等提供数据支持。

3）以 O2O 为特点的品牌体验店的创意体验，可以利用互动装置，带给顾客不同的体验。

某品牌 T 恤的设计者设计了一个特别的试衣镜，当顾客试穿 T 恤照镜子时，试衣镜上便会显示出 T 恤被泼了墨水的效果，让顾客获得与众不同的试衣体验。不过，为了保证顾客体验的效果，扩大品牌的影响力，设计者应该注意互动装置与品牌文化的融合。

4）以 O2O 为特点的品牌体验店的创意体验，可以鼓励顾客参与产品的设计，形成更强的用户黏性。

如今，在线上推行个性化定制服务的店铺已经越来越多，由于更符合顾客的需求，因此这样的服务广受欢迎。在线下的品牌体验店，企业也可以借鉴这样的方式，鼓励顾客定做或参与产品的设计。如果顾客设计的产品具有新意，企业可以专门制作一批进行销售，并对设计者进行奖励。另外，企业也可以根据目标客户的特点设计体验活动，例如目标客户为儿童的企业可以在体验店内设计儿童参与区，这样的活动对顾客关系的维护和用户黏性的提升作用很大。

帝洛芒果：高海拔芒果＋定制礼盒引爆企业家社区

作为一家专业的水果电商品牌，帝洛芒果选择的是品质更高、口感更好的"高海拔"芒果，而且为了迎合企业家消费群体，帝洛芒果支持企业定制。与品牌建立合作的企业不仅能够获得专属的定制礼盒，而且可以到生产基地认养芒果。

帝洛芒果礼盒

随着食品安全理念越来越深入人心，帝洛芒果不仅对芒果品质严格把关，选择纯天然生长的芒果，而且其品牌名称"帝洛"即"蒂落"一词的谐音，意为：我们是最为优质芒果的典范。

O2O 的成功秘诀："参与感"营销

1）让用户产生"参与感"，让用户成为"员工"

关于"参与感"，很多品牌都进行过阐释。比如：海尔通过与用户交互来创新用户体验，打破企业的墙让用户全流程参与，真正实现用户自主设计、企业生产产品满足用户需求，保证用户得到想要的产品；小米"把做产品、做服务、做品牌、做销售的过程开放，让用户参与进来，建立一个可触碰、可拥有，和用户共同成长的品牌"……虽然对于参与感的具体理解有所不同，但企业建立品牌的重点在于实现"参与感"。

任何一个品牌，都不能保证自己设计的产品能够让所有消费者都接受。而正因为消费者的偏好和意愿不同，所以企业才应该去了解消费者。比如：为什么不能接受这个品牌的产品？喜欢的产品应该具备怎样的特点？除对产品的要求外，还希望得到哪些服务？为了了解这些，企业可以在官网上专门开辟顾客留言的区域，也可以建立专属的企业微博、企业公众号、企业论坛等互动平台，让尽可能多的消费者发表自己的观点，参与到产品的研发和设计中，增强用户的参与感，让用户成为企业的"员工"。

2）提供优质的服务，让用户有参与的欲望

如今，随着市场的细分程度越来越高，不同产品之间的差别越来越小，因此，决定品牌营销成败的关键除了产品性能等客观方面带给用户的体验外，服务等能够影响用户感性认知的因素也起着至关重要的作用。企业也只有为用户提供优质的服务，才能让用户有参与的欲望。

所谓优质的服务，涉及很多细节，比如产品的使用、维护、保养等等，总之企业应该站在用户的立场上考虑问题。为了提供优质的服务，企业还应该建立专门的服务队伍，通过实体店铺、电商平台、微信、电话等等各个渠道对用户的疑问进行及时的反馈。

3）通过视觉化营销，提升用户的参与感

在线下，企业可以通过品牌体验店的方式，让用户获得全方位的体验；而在线上，由于客观条件的限制，用户难以获得比较全面的体验，因此线上的营销团队就可以通过图片、视频、动画等极具创意的展示方式，带给用户更丰富的视觉体验，让用户了解品牌以及品牌包括的产品，增强品牌与用户之间的联结，提升用户的参与感。

在线上与线下相结合的 O2O 模式中，企业要想增强品牌的影响力和用户黏性，就应该调动用户的参与感。在以用户的参与感作为前提的品牌营销中，不仅企业运营的难度会大大降低，品牌营销的效果也会更加理想。

【商业案例】海底捞的 O2O 战略：
如何利用微信实现日均订单 100 万？

随着近几年经济的突飞猛进，我国的餐饮行业获得了快速发展，尤其在移动互联网到来之后，一批善于利用社交网络等线上平台的餐饮企业更是逐渐崭露头角。

比如，以服务闻名的海底捞，在互联网运用方面也有过人之处。它在不断改进线下服务的同时，积极利用线上力量进行品牌营销、产品销售和客户关系管理，实现了线上与线下的高效融合。在成功利用大众点评网、新浪微博、天猫网店等线上平台后，海底捞又开通了微信公众号，获得了提升用户体验的绝佳平台。根据 2014 年 10 月的相关数据：海底捞微信公众平台的粉丝数约有 80 万，每天来自微信的订单量高达 100 万。

那么，究竟海底捞是如何打通线上与线下的 O2O 战略，实现微信平台日均订单 100 万的呢？

海底捞的 O2O 实践历程

1994 年 3 月，第一家海底捞火锅店在四川省简阳市开业；到 2002 年 11 月，海底捞的分公司扩展到了 3 个省份；2003 年，海底捞有了了自己的官方网站；2004 年 7 月，海底捞在北京成立分店。

进入北京以后，为了尽可能地扩大知名度，海底捞通过口碑网、大众点评网等深受网民欢迎的点评类网站建立了在互联网上的口碑。2005 年 7 月，海底捞北京牡丹园店成立，一位在大众点评网非常具有号召力的资深会员在海底捞用餐时留下了良好的印象，因此在大众点评网上给了海底捞 5 星的评分。这看似简单的举动为海底捞带来了大量的客流。而"尝到甜头"的海底捞也开始更重视这些在美食爱好者中有影响力的意见领袖，在成立新分店或推出新菜品时，都会特意邀请他们试吃并提供建议。正是通过这样的方式，海底捞迅速在北京、上海两地打响了知名度，吸引了大批网民的关注。

社交网络时代的全网营销

截至 2007 年，由于重视点评类网站对网民的引导作用，海底捞在互联网上已经具有了不错的口碑，2007 年，海底捞在北京还被网友评为"最受欢迎"的餐厅。2008 年以后，随着新浪微博等社交平台逐渐兴起，在重视点评类网站的同时，海底捞开始积极探索社交平台对品牌营销的价值，并注意改善官方网站的用户体验，通过全网营销为企业发展服务。

2010 年 7 月，海底捞开通了新浪微博，并迅速获得大量粉丝；2011 年 4 月，海底捞又开通了腾讯微博，和网民进行更加频繁的互动。由于微博的传播速度更快、辐射的传播范围更广，"人类已经无法阻止海底捞"等"海底捞体"的话题为企业带来了极高的关注度。此外，海底捞在开心网、人人网等热门的社交平台也开设了账号，并组建了专门的粉丝 QQ 群。

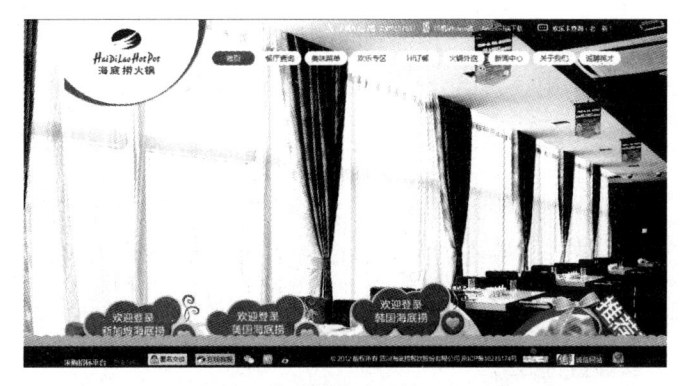

海底捞官方网站

除了通过社交平台积极进行品牌推广外，海底捞还善于利用互联网进行产品销售，其官方网站具有菜品查询等比较完善的电子商务功能。

★ Hi 捞送。海底捞的网上订餐和外卖服务 2011 年初就已经推出，为了让不能到店的客户也能够享受到海底捞的产品，2012 年 10 月海底捞的 Hi 捞送实现 24 小时营业。

★ Hi 订餐。为了方便顾客及时用餐，减少排队等待的时间，2013 年 4 月海底捞在其官网开通 Hi 订餐业务，用户在线即可订座和点菜。

海底捞电商渠道

★ 天猫网店。2007 年 9 月成立，出售的产品主要包括海底捞底料及其他调料等。

★ 团购。为配合新菜品和新店开张，海底捞还和部分口碑不错的团购网站合作，并取得了不错效果。

移动互联时代的客户关系管理

将优质服务作为自己品牌宗旨的海底捞，一直以来都致力于改善客户关系的管理。进入移动互联时代以后，企业能够使用的新手段也越来越多。

2012 年 9 月，海底捞的移动客户端正式上线，用户不仅可以在线查询和预订，还能够申请电子会员卡；2012 年 5 月，为了加强客户关系管理、提升客户的用餐体验，海底捞的门店信息化系统应用正式上线，门店内的服务员可以通过 iPad 等移动设备为客户点餐，实现了信息一体化和智能化。

不仅如此，在微信受到广大网民的欢迎后，海底捞也瞅准时机开通了企业的微信公众账号，用户可以通过海底捞的微信公众平台进行门店查询、在线预订、外卖订餐等各种服务。

根据海底捞公布的数据：2014 年 1 月，海底捞正式上线微信订餐功能的当月订单为 423 笔，到 2014 年 3 月，这一数字已经增至三万多笔，占当月订单总数的 63%。而且，在 2014 年 1 月至 3 月，通过微信支付的订单比例为 17%。可以说，微信的连接功能和支付功能，使得海底捞的 O2O 布局更加完善了。

微信上的用餐新体验

目前，海底捞微信公众平台所具有的功能已经十分完善。关注海底捞的官方微信账号后，会看到其菜单分为三个版块——看、吃、玩。其中，"看"是海底捞的信息平台，顾客可以在此获得海底捞门店位置、菜品介绍、企业新闻、内部招聘、产品招标等信息；"吃"是海底捞的消费平台，顾客可以在此预订座位、叫外卖，或者去线上商城选购底料、蘸料等产品；"玩"是海底捞的沟通平台，客户可以在此发表自己的用餐感受，或者玩几款与海底捞的业务相关的小游戏。

作为迅速连接人和资讯、人和服务的纽带，微信给海底捞及其用户带来了提升效率的助推力。通过微信公众平台，海底捞不仅获得了更多的客流量和订餐数量，也使得客户的餐饮消费体验更轻松、更便捷。

海底捞微信公众号

微信支付连接线上与线下

从雕爷牛腩、逻辑思维卖月饼等商业活动背后，我们可以发现：在餐饮品牌的运营当中融入互联网思维已经成为行业发展的趋势。而互联网思维最重要的一点就在于：以用户的需求为立足点，通过线上与线下的交互作用让用户获得更好的用餐体验。

海底捞从创立之日起便十分重视互联网思维在品牌营销中的运用，目前，海底捞在线下也大力推广微信支付。客户在海底捞用餐时，可以在服务员携带的 iPad 等移动设备上点餐，用餐结束后如果服务员推荐客户通过微信支付进行付款，能够获得一定的现金奖励。对客户来说，只要扫描二维码就可以快速付款，不仅能够享受更优惠的"微信价"，而且省去了刷卡、找现金的麻烦；对海底捞来说，勇于创新的精神能够让客户获得更好的用餐体验和更为优质的服务，更有利于品牌知名度的提升。

另外，为了提升在线用户的活跃度，实现线上到线下的成功转化，使官方与用户的交互更加方便快捷，海底捞还组织了"种瓜得瓜、种豆得豆"的线上游戏和"捞粉走进敬老院"的活动。目前，海底捞正在完善微信的会员体系建设，希望通过微信在线客服等优化服务，借助微信的连接力量和微信支付在移动支付领域的优势完善自己的 O2O 布局，实现线上传播品牌和线下促进销售的正向循环。

第七章
赢在移动终端

移动互联时代，企业如何塑造与提升自己的品牌？

移动互联时代，各种社交媒体和 App 产品为品牌塑造和推广提供了新的工具和可能，它甚至颠覆了我们对品牌的基本认知，催生出了全新的品牌管理理论和运作模式……

多品牌战略：
移动互联时代的品牌命名与延伸策略

品牌，是商家向消费者长期提供的一组特定的特点、利益和服务。品牌是给拥有者带来溢价、产生增值的一种无形的资产，它承载的是消费者对其产品以及服务的认可。当消费者一想到某个品类，就能立即想到某个品牌，那么这个品牌就算成功地建立起来了。

要创建一个成功的品牌，首先要给品牌取一个合适的名字，这个名字既要朗朗上口，容易记忆，又要独特，不容易被模仿，更重要的是要与行业紧密相关。在传统行业里，要让消费者一想到某个品类，就想到你的品牌；如果是在互联网行业，要让用户一产生某个需求，就想到你的应用。

比如"新浪微博"这个品牌的命名就不是很高明，在新浪推出了"新浪微博"之后，其他巨头紧接着推出了"腾讯微博"、"搜狐微博"、"网易微博"。这些同类产品的出现，将新浪微博的用户分流出不少，现在，谁还记得新浪为了普及微博而做的努力？新浪辛苦创建了"微博"这个品类，到头来反而是为他人做了嫁衣。如果当初，新浪在为微博命名时没有加"新浪"这两个字，结局是不是会不一样？

反观"微信"，在推出初期就大受欢迎，之后发展得越来越好，到 2014 年注册用户已突破 6 亿，虽然之后其他公司也推出了类似的软件，比如阿里巴巴的"来往"，但是都没有叫"XX 微信"的，而且用户规模远远比不上微信。在中国，微信基本代表了这个品类，用户只要一想到免费短信、即时通讯、群聊等需求，就会想到"微信"。

作为类似的产品，微博与微信的开端相似，新浪对微博的宣传比腾讯更甚，可是微信的发展却比新浪微博顺利太多了。血淋淋的事实告诉我们，成功的定位与品牌策略，会为产品未来的发展扫平很多未知的障碍，无论在传统行业还是互联网行业，这个道理都同样适用。

移动互联网，是一个诸侯割据，而又百家争鸣的时代

移动互联时代，既是一个诸侯割据的时代，同时又是一个百家争鸣的时代。腾讯、阿里巴巴与百度这互联网三大巨头，分别割据了社交、电子商务和搜索这三块业务，但在它们中间，又散布着数不清的"诸子百家"。这些小公司从一个人单打独斗，逐渐发展成为团队作战，它们的产品，有时候甚至能够比肩巨头的同类型产品。

移动互联时代，已经不是一个创造"大一统"品牌的时代了，在这个时代，游戏规则发生了改变，因为手机屏幕就那大，无法展示长长的标语，也不能像电视那样时不时地来段广告，再加上所有人的手机上都会堆积很多种应用，所以除了一个小小的图标和名称之外，实在放不下别的信息，这就使得简单、易懂的品牌名称，成为吸引用户目光的利器。

手机应用的名称，最多又能显示五六个字，过长的名称不但显示不全，而且繁琐，不容易记，所以手机应用的名字通常不会超过五个字。比如原来的QQ安全助手，在移动端叫做QQ手机管家，后来进一步简化成了"手机管家"，看起来反倒更显专业。

移动互联时代，用户的行为、状态、需求被简单包装，成为简约时尚的快品牌

微信、唱吧、啪啪、食神摇摇、在路上……所有这些热门的应用，都是在移动互联时代创造出来的品牌,这种把为用户提供的具体服务简单包装后,直接作为品牌名字的命名策略,虽然简单,但确实好用。对用户来说,这样的名字很容易记忆;对品牌来说,这样的命名也体现了其简约、时尚的特点。

在移动互联时代,只要是符合用户需求的应用,通常很容易获得成功,如果想要发掘新的用户需求,就需要产品经理变身为"资深用户",站在用户的角度,亲身遍历不同的应用场景,思考用户可能产生的需求、行为和状态。思考的方式不同,做出的成绩也不同,比如创造 iPhone 的人和为 QQ 聊天添加表情的人,前者是发现规律,并创造需求,而后者只是调研市场、分析数据,补充或延伸需求。

随着人们对手机、平板等智能设备的依赖,基于场景设计的产品会越来越多,从这个意义上来看,移动互联网的发展可以说是无穷无尽了。在这样的背景下,应该打造更多的成功品牌,还是应该将原本的品牌附加到更多的应用上,成了很多企业必须要做的选择。

对企业来说,两种策略各有利弊。如果选择多品牌战略,运营成本会增加,而且每个品牌都会面临失败的风险,但其优势在于操作灵活,也便于市场细分,如果某一个品牌失败了,不会对其他品牌造成影响,而且多品牌的频频出击,更容易给消费者留下实力雄厚的印象。在这个场景细分、需求细分的时代,这样的战略更适合大公司。

如果选择单一品牌的延伸,首先保证了企业形象的统一,容易被顾客接受,其次,资金、技术比较集中,能够适当降低营销成本,但是单一品牌战略不利于产品的延伸和扩大,而且抗风险能力不高,一荣俱荣,一损俱损,曾经的诺基亚就是这样,一倒下就没有翻身的机会了。

越简单的设计往往越持久,在满眼的奢华品牌之中,无印良品这样简单朴素的设计反而显得稀少而珍贵。消费者在购物时关注的重点,从之前的昂贵、奢华,逐渐转移到产品本身的设计和材质上,设计要简单朴素,材质要舒适,还要环保，尤其是衣物和家居用品更要如此。

随着移动互联网的发展，品牌策划与产品设计之间的联系越来越紧密，最终将融合在一起，相应的，产品经理也需要具备更全面的知识和技能，不仅要懂产品、懂设计、懂技术、懂行业，还需要懂品牌。

很多企业已经懂得，做产品的人需要对市场有很强的判断能力，出于这样的认识，百度在产品部之外增设了产品市场部，随着人们品牌意识的确立，相信在不久的将来，互联网企业的产品部隔壁还会出现一个产品品牌部，来修整和规划企业旗下的品牌。

社交媒体时代，如何构建以品牌为中心的"强关系圈"？

移动互联时代，微博、微信等社会化媒体纷纷兴起，随之产生了以互联网为平台的各种强、弱关系。弱关系的销售转化率较低，营销价值不大，企业想要保证市场营销效率和效果，就必须努力经营强关系，以品牌为中心构建强关系圈，在此基础上完成市场营销目标。企业在进行市场营销策划时，应该关注以下 5 种可以直接带动营销成效的强关系。

- 品牌与目标消费群之间的"生活关系"
- 品牌与社会化媒体的"内容关系"
- 品牌与大数据之间的"论证关系"
- 品牌与"朋友圈"之间的"事情关系"
- 品牌与公知之间"素材关系"

可以直接带动营销成效的 5 种强关系

品牌与目标消费群之间的"生活关系"

随着商业民主意识和消费者主权的崛起，企业的品牌营销遇到了更大的挑战。市场营销不再是品牌向目标消费群体单向传递信息，而变成了二者之间的互动交流，品牌与目标消费群之间的关系越来越紧密，最后二者建立起亲密的"生活关系"。

也就是说，企业要将品牌营销与目标消费群的社会活动有机结合起来，从而在二者之间建立起一种亲密友好型的强关系，企业也可以在新品研发、生产等更多环节让消费者参与，共同创造价值，共同分享创业过程中的辛酸苦辣和成功的喜悦，消费者参与得越多，就越有利于这种生活关系的建立。

品牌与社会化媒体的"内容关系"

微博、微信等社会化媒体已经成为品牌营销的重要平台，而企业玩转社会化营销的前提是对社会化媒体有足够的了解，比如它们的本质、运转机制等。

很多企业都与社会化媒体有关系，比如运用社会化媒体发布活动内容、发布企业信息等，但这种程度的关系并非企业追求的强关系，只有"内容关系"才是品牌与社会化媒体之间的强关系。社会化媒体运营成败的关键就在于内容的优劣，所以利用社会化媒体进行市场营销的品牌也要求有优质的内容。在社会化营销的战场，拥有优质内容的品牌更容易取得成功。

品牌与大数据之间的"论证关系"

社会化营销的可贵之处，在于营销过程中对资源的高效利用。在传统的市场营销中，往往只有一半的投入取得了预期的产出，另一半的投入完全没有发挥作用，但是企业却不知道哪一半投入被浪费了，所以也没有办法避免浪费。直到进入大互联时代，这种局面才得以改善。企业可以在大数据的支撑下掌握每一份营销投入所发挥的效力，从而避免营销费用被浪费的情况。

大数据营销是基于多平台的大量数据，依托大数据技术，应用于互联网广告行业的营销方式。通过对大数据的计算和分析，企业可以实现更精准的营销，大幅度提高投资的回报率。大数据营销的操作有一个标准的流程：先通过互联网采集大量消费者的行为数据，对这些数据进行计算分析，进而定位目标受众，再针对目标受众的特点对广告投放的内容、时间、形式等进行预判与调配，最后进行广告投放。

随着数字生活空间的普及，生活中的信息量增长越来越快，大数据、云计算等随之兴起，成为新时代的互联网趋势，所以，品牌必须与大数据建立起牢固的"论证关系"，才能实现以最少的营销投入，获得最大化的营销效果。

品牌与"朋友圈"之间的"事情关系"

企业在市场营销运营和操作过程中发生直接关系的所有组织、单位和个人，以品牌为中心，形成了一个类似于微信朋友圈的圈子，其中包括消费者、渠道商、运营商、营销策划机构、媒体渠道商、平台商等。他们与品牌之间有着频繁的业务往来，形成了企业在进行品牌市场营销过程中强大的"事情关系"。

为了保持"事情关系"这种强关系，企业在营销过程中必须保持与"朋友圈"之间的互动，同时，利用具体的营销方案和营销活动为朋友圈创造有价值的"事情"，等到有价值的事件在朋友圈中发生，品牌就会得到更有价值的回报。

比如，消费者通过购买产品或者通过口碑的传播，帮助企业进行更有效的品牌传播，品牌传播达到了一定的规模，渠道商就会借机重点发展此品牌的销售，将其做大做强。同时，媒体也会被"事情"吸引而来，媒体的关注又会进一步扩大品牌的传播，营销咨询策划机构也会随之推出更具实战性的咨询策划方案，品牌的市场营销就这样取得了巨大的成功。

品牌与公知之间的"素材关系"

社会化媒体的崛起为整个市场营销环境带来了数量庞大、形式多样的"公知群体",他们可以是微博大 V、财经评论员,也可以是市场营销专家、互联网评论员,但无论他们以什么样的身份出现,都毫无疑问地成了社会化媒体最强大的内容供应商,区别在于他们有的是职业内容服务商,有的则将其作为爱好,有的内容服务是免费的,有的内容是收费的。

由于这些社会公知群体在互联网上具有很大的影响力,他们的言论能够被广泛的传播,因此很多企业乐意为他们提供形式多样、内容丰富的素材,供他们在社会化媒体上创作和发挥。一些聪明的企业甚至为自己的品牌创造了导向性的素材,引导社会公知群体创作以该品牌为中心的内容,这无疑为品牌的社会化营销提供了极大的助力,近几年来,这样的例子不胜枚举。

在互联网营销领域,小米手机、黄太吉煎饼、褚橙、雕爷牛腩等品牌都充分利用了这种"素材关系",为自己的品牌进行了大量的新闻性营销传播,这些传播为品牌的建立与成长提供了重要的支撑,并且它们都是免费的。

传统企业也非常注重在品牌与公知群体之间建立"素材关系",比如以房地产起家的广州恒大集团,在进入到职业排球领域后引入著名的教练郎平,在进入职业足球领域后引入著名球星孔卡和世界杯冠军教练里皮等,这些动作都为社会公知提供了大量的创作素材,每一步都体现了品牌与公知之间的"素材关系"。

微信营销：
品牌商如何在 6.5 亿的市场中实现自我营销？

2011 年微信诞生，作为一种即时通讯工具，微信在四年的时间里用户数量突破 6.5 亿，可以称得上是一个奇迹。微信的出现，不管是给企业还是给个人都带来了无法估量的价值，微信拥有的庞大用户数量和天然特性也使其逐渐成为一个重要的网络营销平台，为企业开展品牌营销做出了重要贡献。

那么到底何为微信营销？企业利用微信开展营销活动的突破口在哪儿？在企业品牌整合营销策略中微信营销可以发挥什么样的作用？下面我们将就这些问题进行探讨。

什么是微信营销？

微信是腾讯推出的一款为智能终端提供即时通讯服务的免费应用程序，微信支持发送语音、视频、图片和文字等，同时也支持用户群聊，为人们之间的互动和沟通提供了极大的便利。

而微信营销就是指企业借助微信平台向用户传达有价值的信息，从而增强企业的品牌影响力，促进产品销量的增长。相信大家在刚听到微信营销这个概念时会立刻想到近几年炙手可热的微博营销，事实上两者有很大的不同。

微博营销平台就像是企业的广播台，主要功能是向用户传达企业信息；而微信营销平台更像是一个"交流站"，企业不仅可以透过这个平台向用户传达有价值的信息，也可以在这个平台上与用户进行互动和沟通，进一步了解用户的需求，为他们提供更加个性化的服务。

企业虽然可以通过多种渠道积累粉丝，但是微博信息传播的单向性特点比较明显，不能确定那些接受信息的用户是否对企业感兴趣，因此微博营销更适合企业进行品牌营销的初期阶段。

而微信拥有的强制推送功能可以将信息精准传达给受众群体，企业可以直接与用户进行一对一的深入对话，就这一点来说微信营销的成本要比微博高。微信虽然在传播速度上稍逊于微博，但是影响远大于微博，可以在产品中后期的推广以及维护客户关系方面发挥积极的作用。微博和微信的特点不同，使得其适用于品牌营销推广的阶段也不同，如果两者能够相互配合，必定能够很好地推动企业品牌营销工作的开展。

微信在企业开展品牌营销方面拥有哪些独特的优势呢？总结来说有以下几点。

1）微信拥有超过6.5亿的庞大用户量，可以为企业的品牌营销带来无以数计的潜在消费者

由于微博中大量"僵尸粉"的存在，使得微博原本非常漂亮的粉丝量大打折扣，从市场调研的数据来看，微信拥有的真实用

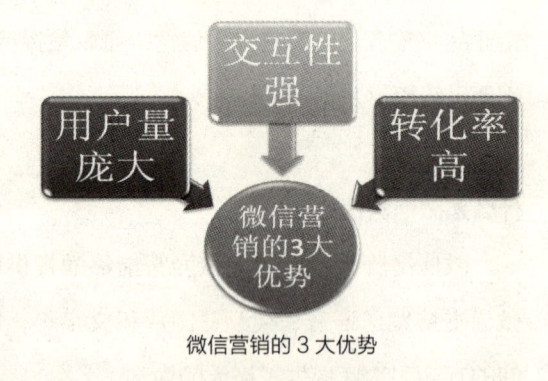

微信营销的3大优势

户数量要高于微博，微信用户的真实性相对比较高，粉丝质量也要明显优于微博。

2）微信拥有较强的互动性

微信不仅支持用户使用文字、图片和表情符号进行信息传递，还提供了语音对话的功能，丰富了信息传递的手段，为企业和用户的沟通和互动提供了一个重要的平台，解决了双方之间信息不畅通的问题。

3）微信营销的转化率比较高

一般来说微信账号都是用户主动添加的，而且用户关注的微信账号相对来

说比较少，这就表明用户对企业或产品是感兴趣的，因此当企业通过微信公众平台将营销信息传递给用户的时候，转化率会比较高。此外，微信是一种一对一的联系工具，具有天然的信任基础，虽然企业和商户是用公众账号做营销，但是这并不妨碍用户对其产生的信赖感，因此与其他互联网渠道相比，微信平台上的企业更能轻而易举地获得用户的信任和好感，从而获得较高的转化率。

当然，微信营销的优势还远不止这些，换句话说微信天生就是一种非常好的营销工具，是微博营销之后备受企业关注的一个重要的营销利器。

谨慎发布硬广告，依靠互动性出奇制胜

微信作为一个强大的营销平台，为企业品牌的营销带来了不可估量的价值，然而在微信营销市场上却出现了滥用的情况，导致有些企业的微信营销不仅没有为其带来预期的营销效果，反而带来了一些负面影响。

调查发现，滥用微信营销最突出的一个问题就是硬广告的强制推送。众所周知，微信具有强制推送的功能，可以帮助企业将信息更准确、高效地推送给目标用户，极大地提升了企业的营销效率和效果。

然而在实际运用中却出现了很多问题，有些企业将微信平台理解成了广告投放的场所，依靠微信的强制推送功能将广告发送给目标用户，这种简单粗暴地使用是对微信这种优质营销工具的一种浪费，而且硬广告通过其他传统媒介进行发布可以达到比在微信平台上更好的效果。

同时，大量推送广告也容易造成用户的不满，用户可能会因为兴趣关注某个品牌的微信公众号，但在频繁收到广告推送时难免厌烦，可能会直接取消关注，甚至可能会影响品牌在用户心中的形象，进而影响产品的销量，这样反而得不偿失。

因此企业在利用微信平台进行营销推广的时候应该认识到，"营销"并不是推销，除了追求"销"的目标之外，还要学会"营"，要懂得经营与客户之间的关系，积极主动地与用户进行沟通，形成一个良性的互动氛围，从而与用户建立一种和谐的关系。

微信的互动性是微信营销中最具价值的特性之一，企业应该高度重视。微信用户对广告敏感性比较高，对广告的质量要求也比较高，因此企业在利用微信进行营销策划时应该谨慎细致，不能简单粗暴地进行广告推广，而要利用微信的互动性与用户进行友好地互动和沟通，逐渐获取用户的信任和对品牌的认知度。星巴克推出的"自然醒"活动在这一方面就做得比较出色。

2012年8月星巴克开始利用微信平台开展营销活动，用户只要使用微信的"扫描二维码"功能，扫描星巴克咖啡杯上的二维码，就有机会获得星巴克全国门店通用的优惠券，并成为星巴克VIP。消息一出就吸引了众多用户，于是在那段时间星巴克掀起了一股"扫描风"。

与此同时星巴克还推出了微信订阅平台，用户只要关注"星巴克"的官方微信账号，然后发送一个表情符号，就可以获得星巴克推出的《自然醒》音乐专辑，这个专辑中都是让人放松心情的曲目，用户在喝咖啡、享受美食甚至发呆的同时可以聆听到契合自己心灵的音乐。

"自然醒"活动不仅充分利用了微信支持文字、图像、视频的信

星巴克的微信营销

息传递功能，同时还为用户定制了个性MV，提升了用户在互动活动

中的体验，进一步提升了用户对星巴克的好感度，增强了星巴克的品牌影响力。

通过这个轻松愉快的互动活动，星巴克中国的微信账号在短短两周内就获得了十几万粉丝。星巴克为用户定制个性化的MV，不仅让用户感受到一种备受重视的感觉，获得心理上的愉悦感，还让用户感受到其信息与自己的密切关系，从而能更容易接受信息，也更容易接受品牌。星巴克的案例对于企业利用微信开展品牌营销有着重要的启示作用。

因此，企业在利用微信进行营销时，一定要认识到微信平台并不是一个简单的广告投放平台，它在营销方面可以发挥更大的价值，而这需要企业进行深入地发掘和利用。

利用微信打造企业"一条龙"服务平台

前面提到更多的是微信营销的宣传作用，但是营销并不是只有宣传这一个环节，而微信营销也不仅仅只有宣传作用，微信还可以做企业的服务平台、O2O平台、客户关系管理数据库等。

1）微信作为一种即时通讯工具，可以为企业售前和售后的咨询与服务提供极大的便利

在过去，企业一般会通过邮件、电话等方式来为用户提供售前、售后的服务。使用邮件不能保证回复的及时性；而使用电话容易因为语气和态度产生误解，增加服务的难度。

而微信不仅支持文字、图片等信息传递，同时也有语音、视频、多人通话等功能，可以让用户选择他们最能接受的服务方式。使用微信平台为用户提供服务的成本也比较低，对企业和用户来说都是一个不错的选择。

2）利用微信平台发展线上线下相结合的O2O模式

使用微信的定位功能实现"带客到店"的目标。企业可以利用微信的定位功能对附近的用户进行产品信息推送，这比将产品信息发送给所有用户要有价值得多。用户收到信息后可能会因为就在附近而产生兴趣，从而进店光顾，这种模式比较适合餐饮类等服务型的企业。

利用微信平台还可以开展会员制度和优惠券活动，用户扫描二维码或者关注企业就能获得电子会员卡或优惠券，通过这样的活动可以吸引更多的用户关注企业的微信账号，从而推动后续营销活动的开展；同时利用电子会员卡和优惠券也可以增加用户对企业品牌的黏性，为品牌培养忠实的粉丝。而微信的支付功则能帮助企业打造了一个完整的O2O平台，真正实现了"带客到店——成为会员——享受优惠——在线支付——售后服务"的一条龙服务。

3）企业利用微信可以建立客户关系管理数据库

与传统营销不同的是，微信平台上的用户不再是简单的一个电话号码或邮箱地址，而是包括性别、爱好、区域等个人信息在内的私人账号，如果企业能够建立数据库对用户的特征和消费行为进行分析，通过大数据就可以为日后的营销活动提供更多的参考，开展更精准的营销。

如果将微信的众多功能都结合起来，人们就会发现微信已经打造了一条完整的品牌营销和服务链条，也可以说是缔造了一种全新的商业模式。

设想一下这样的场景：某个用户在跟朋友一块逛街，到吃晚饭时就打开微信，使用了"查看附近的饭店"这一功能，发现附近一家饭店正在进行促销活动，而且特色菜品也比较吸引人，于是就决定来这家店吃饭，并通过扫描店里的二维码享受了相应的优惠。

如果用户到店消费的时候获得了不错的体验，可能会再次光临。用户通过扫描二维码的方式成为店里的电子会员，在享受优惠的同时也增加了对饭店的黏性：饭店可以通过微信向用户推送更多的优惠信息，从而吸引用户到店消费，用户可以利用微信完成咨询、预订、付费等内容。

如果饭店可以建立用户管理数据库，对用户的特征和消费行为进行分析，那么就可以根据用户的喜好调整菜单，推出更具个性化的菜品，同时也可以开展一些有特色的促销活动，刺激消费者产生消费欲望。

微信营销虽然是一种新型的营销工具，但是对企业来讲却是一个优质的服务和营销平台，随着移动互联网的发展和各种移动端设备的普及，再加上人们对新鲜事物的接受程度越来越高，微信在企业品牌营销中必定会发挥更大的价值。

企业在利用微信开展品牌营销时应该从自身实际情况出发，并结合微信的特点制定出一套合理的营销方案，然后在实践中不断调整，使其能够为企业带来更多的客户资源，同时帮助企业与客户建立友好的情感联系，最终提升企业品牌的影响力和产品的销量。

【商业案例】
杜蕾斯、小米等品牌商如何玩转微信营销？

随着公众平台的开通和支付功能的接入，众多品牌商纷纷介入微信营销，虽然从总体上看，微信营销仍然处于探索阶段，还没有固定的经营模式，但是仍然有很多品牌在微信营销中取得了成功，杜蕾斯、小米等品牌都是其中的佼佼者。

杜蕾斯微信：活动营销

在微博营销时代，杜蕾斯已经成为一块不可逾越的丰碑，到了微信营销时代，杜蕾斯的做法同样堪称经典。杜蕾斯不仅在微信公众号上开设了"杜杜小讲堂"、"一周问题集锦"等别具一格的模块,还曾在微信平台为广大订阅者提供过免费的福利。

2012年12月11日,杜蕾斯在微信上发起了免费送福利的活动:"杜杜已经在后台随机抽中了十位幸运儿,每人将获得新上市的杜杜。今晚十点之前,还会送出十份魔法装!如果你是杜杜的老朋友,请回复'我要福利',杜杜将会继续选出十位幸运儿,敬请期待明天的中奖名单!悄悄告诉你一声,假如世界末日没有到来,在临近圣诞和新年的时候,还会有更多的礼物等你来拿哦。"

活动发起后两个小时之内,杜蕾斯就收到了几万条的回复,仅仅用10盒套装产品,杜蕾斯就在微信上轻松增加了几万粉丝,将微信活动营销的魅力演绎得淋漓尽致。

微媒体微信:关键词搜索

由于本身"继承"了媒体的内容和公信力资源,所以媒体公众账号在影响力拓展早期比营销账号和自媒体账号更有优势。作为第一批开通的公众账号,微媒体微信公众账号一直专注于新媒体营销思想、方案、案例、工具的研究,传播微信营销知识,分享成功案例,为微信营销贡献了巨大的力量,其中最为亮眼的当属其"关键词搜索"功能。

公众账号每天只能推送一条信息,但是众口难调,有的订阅者喜欢营销案例,有的可能更愿意了解新媒体现状,一条信息显然无法满足所有人的口味,而通过"关键词搜索"这一功能,微媒体微信公众账号就能同时兼顾了所有订阅者的兴趣,订阅者只要发送自己关注话题的关键词,就能够接收到公众账号推送的相关信息。

如果订阅者只想聊聊天,小微也可以这样陪聊下去。

头条新闻：实时推送

尽管腾讯一直在努力弱化微信的媒体属性，但是不可否认，作为新媒体的微信具有天然的传播特性，头条新闻正是利用这一属性进行的微信营销活动。

头条新闻选择在每天下午六点向订阅者推送一天中最重大的新闻，这个时候正好是下班时间，订阅用户在完成了一天的工作之后，回家途中看看当天的新闻，既能了解当天发生的大事，又可以排遣路途中的无聊，因而受到了大量用户的欢迎，即时推送服务也成了头条新闻最大的卖点。

小米：客服营销 9∶100 万

作为新媒体营销革命的先驱，小米的微信营销同样做得风生水起，其最大的特点就是"9∶100 万"的粉丝管理模式。

小米手机的微信账号后台客服团队只有 9 名员工，他们每天在小米手机的微信账号后台对微信接收到的所有问题进行一对一的人工回复，而不是利用程序抓取关键词自动回复，最多的时候，这 9 名员工一天要回复 100 万条粉丝留言。通过这样的方式，小米大大提升了用户的品牌忠诚度。

除了用户忠诚度的提升之外，开通微信客服平台还给小米带来了其他的好处，比如有效降低了小米的营销成本和客户关系管理成本。

招商银行：爱心漂流瓶

起源于 QQ 邮箱的漂流瓶被腾讯移植到微信之后，受到了热烈的欢迎，很多微信商家看到了其中的商机，纷纷开始扔漂流瓶的推广活动，一时间漂流瓶数量大增，招商银行也成为诸多扔瓶子的商家之一。

2012 年，招商银行发起了一个微信"爱心漂流瓶"的活动，微信用户只要捡到一个招商银行的漂流瓶，招商银行便会通过"小积分，微慈善"平台为自闭症儿童捐赠积分，这个简单却又可以做善事的活动吸引了很多用户参加，基本上每捡十次漂流瓶就会有一次捡到招商银行的瓶子。

凯迪拉克：基于 LBS 营销

播报路况服务几乎成了交通广播的专利，鲜少有其他平台能够介入这个领域，然而凯迪拉克却在自己的微信营销中选择了这一策略。

凯迪拉克在自己的公众账号上推出了名为"66 号公路"的活动，对这条公路的路况信息进行实时播报，方便当地的用户出行。由于凯迪拉克仅仅针对 66 号公路进行路况播报，范围不大，因而可以确保信息的及时更新。

1 号店：游戏式营销

1 号店在微信营销中采取了游戏式的营销方式，每天推送一张图片给订阅用户，用户只要回复答案就参与到了这个"我画你猜"的游戏当中，如果在规定的名额范围内发送了正确的答案，就可以获得 1 号店提供的奖品，这一活动吸引了大量用户参与。

"我画你猜"本身就是一个人气很高的游戏，1 号店将其移植到微信活动推广中，基于微信的互动属性，开展互动式的竞猜活动，再借助奖品刺激粉丝的兴趣，最终实现了品牌的植入和粉丝的增长。

南航：服务式营销

中国南方航空公司对微信平台十分重视，微信已经与网站、短信、手机 App、呼叫中心一起，成为南航的五大服务平台之一，承载着与用户沟通的使命，而不仅仅是一个营销工具。

南航是微信的早期客户之一，早在 2013 年年初，南航就推出了微信值机服务，开创了业内先河。之后，南航微信公众平台的功能不断完善，陆续开通了机票预订、办理登机牌、航班动态查询、里程查询与兑换、出行指南、城市天气查询、机票验真等服务，极大方便了用户出行，也因此迅速集聚了大量粉丝。

天猫：非主流

2012年"双十一"期间，天猫首次引入了微信营销这种社会化营销的新模式，从此开始了各种让人匪夷所思的活动，可以说天猫微信营销一直在引领创新潮流，从未被超越。

2013年6月，天猫在微信账号上发起了"年中大促抢红包"的活动。首先天猫提供了一些候选商品，用户可以去砍自己喜欢的商品，被砍次数越多的商品，在购买的时候返还给用户的红包就越大。为了增加商品被砍的次数，用户还可以到微博上去拉朋友一起砍。

这种运用微信、微博互动，以及争夺红包、猜图赢奖等创新营销方式，使天猫微信在社会化营销中独占鳌头。天猫用实际行动告诉我们，非主流的玩法也可以是营销的法宝。

第八章 赢在大数据

大数据时代，传统营销模式的变革与创新

大数据时代，原本的消费者研究方式失去了其应有的效果，媒体到达率、受众心理变化效果、行动效果都无法再用传统的手段和方式来获知，也就无法再利用这些方法来捕获受众的真实需求与欲望，于是传统硬广式的品牌营销模式也就失去了之前的效力。

大数据营销：
商业智能3.0时代，大数据引爆营销变革

每一次互联网技术变革，都会给商业社会带来一轮新的冲击，继云计算、物联网之后，大数据作为IT产业新的技术变革又为商业社会带来了怎样的改变？

大数据已经成为信息技术领域最热门的词汇之一，引得众多企业蜂拥而至，不但IBM、微软、Oracle、SAP等互联网巨头纷纷挖掘大数据资源，以期获取更多的营销价值，众多中小IT厂商也紧随其后，多方位推广大数据理念，希望在大数据市场分得一杯羹。

数据爆炸的冲击波

大数据不是传统意义上的数据，而是超大规模的数据、海量的数据，是种类繁多、结构复杂、变化迅速的数据。极大的数据量、极快的处理速度以及极多的数据种类，是大数据的3种特性。

很多企业的数据量正以每日数十、数百TB（1TB=1024GB）的速度飞速增长，几年累积下来，总数据量已达到PB（1PB=1024TB）甚至EB（1EB=1024PB）的等级，这样庞大的数据规模已经超出了传统数据库的处理能力。

大数据的3种特性

随着移动互联的发展以及社交应用的普及，企业数据增长的速度越来越快，远远超越了传统应用程序的增加，仅仅是数据的处理、分析，传统的数据系统也无法满足，再加上互联网技术及硬件的发展使得数据的种类复杂多变，这些因素共同作用，造成了企业对大数据技术的强烈需求。

互联网的信息量以每年30%～50%的速度疯狂增长。社交网站Facebook每天增加几亿条分享内容，Twitter每天产生15 TB信息，购物平台淘宝网每天产生数十亿条店铺、商品浏览记录以及成交、收藏记录，还有三千多万条传感器资讯，2011年，全球新增了总量为1.8ZB的数据，预计到2020年，这一数字将增长至35ZB（1ZB=1024EB）。

新的数据以不可思议的速度产生出来，现在企业不再担心数据采集得不够多，转而开始为数据太多而发愁，尤其是这些数据都是静态的、孤立的，很多都没有参考价值。如何将没有参考意义的初级数据剔除出去，将有价值的数据发掘出来进行整合利用，成为企业急需解决的难题。

企业想要从海量的数据中提取有价值的信息，以供管理层在做决策时参考，就需要利用大数据分析技术和工具，同时，企业还需要一个具有商业智能的数据分析和处理系统，来帮助他们处理海量的客户及市场、销售和服务信息。

尽管传统的智能分析系统、客户管理系统等商业管理系统也能为企业带来收益，但是这些系统已经无法满足大数据时代的信息处理需求，一个优秀的大数据系统可以做到更多，比如将数据挖掘技术与现有技术有机结合，分析出可能影响企业未来战略的因素，实现数据分析效益的最大化等，将企业的营销管理推向一个新的高度。

在众多类型的企业当中，社交网络公司面临的数据挑战最大，因而它们在大数据技术的应用及推广方面也最为积极，Facebook、Twitter之类的社交巨头已经开始了大数据技术的尝试，它们利用分布式程序系统基础架构、非关系型的数据库等新兴大数据技术来处理海量的市场信息，成果斐然。在国内市场，电商大鳄阿里巴巴在大数据技术应用领域处于领先地位，阿里巴巴信用贷款与淘宝数据魔方业务都尝试了大数据技术，为投资人和淘宝卖家的决策提供了重要的参考数据。

重构精确营销模式

关于营销数据的提取，无论是顾客信息、市场促销、广告活动、展览等结构化数据的提取，还是一些官网数据的提取，大部分企业的做法是从智能分析系统、客户管理系统等商业管理系统中找寻目标，但是，这些系统能够提供的信息数量有限，只能达到企业需求的10%，远远不足以支撑出一条规律的统计。

按照传统做法没有办法提取的那些数据，占据了营销数据的绝大部分，包括社交媒体数据、邮件数据、地理位置、音视频等等，而且这些数据还在不断增加，它们多以图片、视频等形式存在，这些形式大大提高了数据提取的难度。随着大数据技术的发展，这些数据也开始被企业提取，并成为非常宝贵的数据，在激烈的竞争中起到了越来越重要的作用。

很多有远见的企业已经开始这类信息的收集和应用，沃尔玛、家乐福、麦当劳等知名零售企业在它们的一些门店内安装了搜集运营数据的装置，用于跟踪客户互动、店内客流和预订情况。企业利用大数据工具对这些数据以及交易记录进行计算和分析，依照分析结果来调整具体的运营，比如产品品类的选择、商品的摆放位置、售价调整的时间等等。应用大数据技术之后，这些企业的库存量降低了17%，同时，能给企业带来更高利润率的自有品牌商品的比例得到了明显的提高。

与传统的客户管理系统相比，现在的大数据系统不但能帮助企业分析目前的状况，还能找出造成这种状况的原因，甚至能根据相关的数据预测出企业在未来可能发生的状况。

大数据系统通过不断的计算和分析，以及新数据的补充和旧数据的对比，最终可以判断出用户的想法。

比如，某个顾客步入一家店铺之后，搜集运营数据的装置会自动识别这个顾客的身份，然后调出这名顾客以往的相关数据，如果以往的数据表明这位顾客是对这家店铺有价值的顾客，大数据系统就会比对这位顾客之前的购物记录以及社交页面的数据，通过对这些数据的计算，分析出留住这位顾客需要花费的代价，从而确定所售商品的价格范围以及商家可以退让的利润空间，最终针对这位顾客给出最佳的优惠策略和个性化的沟通方式。

连锁零售巨头沃尔玛在美国拥有一个庞大的、通过卫星与全球所有卖场实时连通的企业级数据仓库，并在此基础上建立了高度智能化的大数据系统，在它的支撑下，沃尔玛已经在美国的卖场门店实施了先进的"顾问式营销"。

比如某个顾客选购了许多商品，其中有不少的啤酒、红酒和沙拉，当他推着购物车来到收银台准备结账时，POS机会将扫描到的物品输入计算机，计算机根据购物车中的酒类判断出顾客可能需要购买配酒小菜，于是将相应的商品信息发送到POS机屏幕，这时，售货员会友好地提出建议："我们商场刚进了两三种配酒佳料，且正在促销，位于D5货架上，您要购买吗？"这时，顾客也许会惊讶地说："啊，谢谢你，我正想要，刚才一直没找到，那我现在去买。"

品牌要为营销准备什么？

大数据技术作为新兴的技术变革，在企业营销中拥有无可置疑的非凡前景，并且已经向人们展示了它的巨大功能，但是，与所有的新生事物一样，大数据营销仍然存在不少的问题与挑战。

1）大数据技术尚处于应用初期，还有很多技术问题没有解决，很多工具也需要进一步完善。

要真正发挥大数据营销的价值，除了技术和工具的问题需要解决之外，企业还必须改变传统的经营思维和组织架构，从经营理念到营销的所有环节，彻底实施大数据营销策略。

2）大数据的资源极为繁杂丰富，甚至是太过丰富，面对这样丰富的资源，企业很容易茫然失措，误入迷途。

所以在决定运用大数据之前，企业必须确立明确的目标，包括中长期的目标，哪些数据对企业是有价值的，也要事先进行明确的定义，步步为营，稳扎稳打。明确相关的目标和标准之后，企业再考虑使用哪些工具。当然，技术团队是企业运行大数据营销的基础，企业的营销团队必须要有过硬的技术基础，能够自如地玩转各项数据。

以上两个问题是企业开展大数据营销的基础，企业要面临的更重要的挑战，是数据的碎片化，各种数据都是孤立的，散落于互相独立、互不连通的数据库中，而且相应的数据技术也都分布于不同部门，企业要开启大数据营销战略，就必须打通这些相互孤立的数据库，整合所有的数据技术，实现数据互联、技术共享，这项工作才是企业面临的最大挑战，也是实现大数据价值最大化的关键。

在具体的操作中，企业还要保证大数据应用与营销所有环节实现无缝对接，从数据收集、数据挖掘，到数据应用、提取洞悉、报表等皆是如此。

总之，企业要做好大数据营销，必须同时满足三个条件：

★企业要有扎实的数据整合能力，才能顺利地整合来自于不同数据源以及不同结构的数据；

★企业能够胜任探索数据背后价值的工作，能否在大数据库中挖掘出更大的价值，决定了大数据营销的成败；

★企业还需要有制定精确的营销指导纲领的能力，并且保证纲领得到迅速实施。

精准化营销：
基于大数据分析的精准化定位与市场细分

市场营销环境是企业制定品牌营销战略的基础，企业需要实时监测市场营销环境的发展和变化，并根据监测结果及时对企业的品牌营销战略进行适应性的调整。

我国的市场营销环境，正在发生重大变化，这些变化主要集中在市场需求、媒体环境、经济环境和产品竞争等领域。而新兴的大数据技术也为企业掌握和适应这些市场变化，完善企业的品牌营销模式，把握新的市场机会和规避潜在的环境威胁提供了新的数据，为企业的营销活动开创了更多的策略空间。

市场营销环境 4 个重要变化

1）消费者需求个性化

进入互联网时代，消费者的需求日益个性化，人们的信息接触也日益碎片化，因而产生了海量的变化迅速的数据信息。

面对海量的消费者数据信息，企业需要加紧建立针对消费群研究的数据库，才有可能实时精确地把

市场营销环境 4 个重要变化

握消费者需求的新变化，从而提高营销策略的优化节奏，并根据大数据所反映的区域消费群的特征，进行细分市场的划分。

2）媒体复杂化

新技术的革新以及新的营销模式的衍生，推动了媒体环境的变化，品牌经理需要通过积极地学习研究来适应媒体环境的新变化，制定出更有效的品牌传播策略。品牌经理们应加强与第三方平台、媒体人以及广告商的沟通合作，共同研究复杂的媒体环境，共同制定出有针对性的推广策略。

3）产品同质化

社会化大生产的发展、互联网时代的信息透明化、USP定位饱和，共同造就了大量产品的同质化趋势，这就要求企业持续地提升产品和服务的附加值，品牌经理则应通过品牌文化的传播，给产品注入新的精神内涵，制造出新的竞争区隔。

4）渠道多样化

C2C、B2C、B2B、O2O、C2B……日益丰富的电商模式催生了更多的电商渠道，传统渠道也在发生重大变革，线上与线下越来越多的零售渠道被打通了，企业品牌经理们都面临着平衡整合多元渠道的挑战，渠道多样化的趋势也正在影响着企业的商业模式和品牌战略的选择。在这个商务模式多元化的时代，线上线下渠道整合和区域化渠道管理的升级变得更加重要。

两个重要的营销新思维

1）大数据思维

对企业而言，"大数据"的战略价值并不在于其强大的数据信息处理的能力，而在于"大数据"所蕴含的逻辑思维对于企业的品牌管理和营销实践的指导意义。

现实中并不是所有的企业都具备支持大数据运行所需的通路、数据源、分析模型、数据运算能力等条件，然而这并不影响企业在营销实践中运用大数据思维。企业可以将数据项目分解到自身条件能够支撑的程度，例如可以把企业的运营体系分解成：商品管理、零售管理、渠道管理、品牌管理等等，甚至可以根据实际需要对相应模块进行进一步分解，关键是要运用大数据思维来分析和处理营销实践中遇到的问题。

2）精准思维

如今企业面对着复杂的媒体环境和日益碎片化、个性化的受众需求，这就需要企业提高营销传播的精准性来控制传播成本。

企业可以从"受众、形式、内容、渠道、时间、地域"六个维度进行大数据的定向分析，根据不同模块的分析结论，企业会对消费群体的构成和不同类别消费者的需求特点有更精准的把握，还会发现不同类别的消费群体接受信息的渠道习惯，从而制定出更精准的营销传播计划，达成更有效的营销传播。

企业需要以大数据的思维和精准化的信息分析结果为基础，采用社会化、本地化、移动化的技术手段，进行商务化的营销输出，以适应区域性消费群体及市场的变化，满足消费者的个性化需求。消费者需求和区域市场的变化会进一步改变大数据的分析结果，因而企业应当根据数据分析结果持续地优化市场营销策略，形成循环系统。

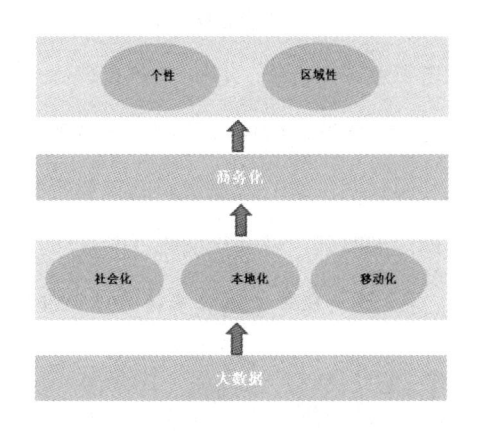

大数据时代的营销模型

企业的媒体营销策略

1）自有媒体的价值挖掘

产品的消费者也是企业品牌传播的受众，他们的需求与观念的变化对企业的品牌成长影响很大，因而企业需要拥有更多与消费者直接互动并存留数据的

```
自有媒体的价值挖掘
      ↓
统筹整合全国性媒体及区域性媒体
      ↓
   划分个性化的细分市场
      ↓
提升区域性线上线下整合营销能力
```

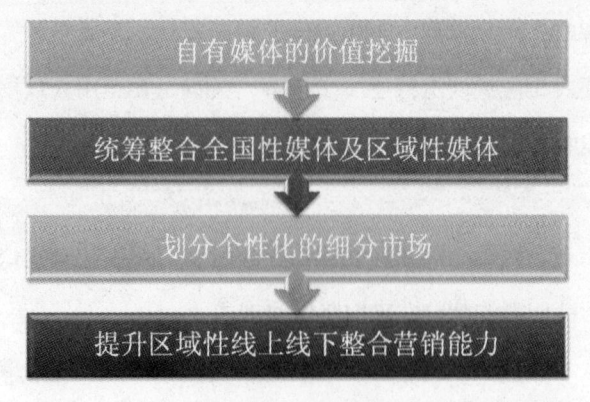

企业的媒体营销策略

渠道和机会。

然而,由于大众媒体的数据截流所形成的屏障,企业通过大众媒体与消费者的接触通路所能做的事情越来越少。在这样的情势下,企业就需要更好地挖掘自有媒体的价值。企业的自有媒体包括线上线下两部分,互联网的发展为企业提供了微博、微信等多种与消费者进行互动的线上工具;在线下方面企业可以利用长期积累的大量优质的渠道资源,把原来单纯的销售渠道,提升为品牌营销传播渠道,增进与消费者的互动。

2)统筹整合全国性媒体及区域性媒体

在品牌传播中,企业需要对全国性媒体和区域性媒体各自能够解决什么问题进行清晰的界定,并找到对两者进行承接和整合的方法。只有统筹整合好各种媒体传播渠道,并解决传播内容的融合问题,才能够进一步提升媒体传播效能,形成合力,达到更好的品牌传播效果。

3)划分个性化的细分市场

近些年个性化营销理念和产品、服务的定制化概念在业界十分盛行,然而完全根据单个消费者的个性化需求来定制产品和服务,对于大部分企业尤其是传统品牌而言还是不现实的。在目前企业无法满足每一个消费者个性化需求的阶段,比较务实的做法是根据相近的消费群体的需求特征来进行细分市场的划分，根据消费群体的类别来提供产品和服务，以满足大部分消费者的需求。

4）提升区域性线上线下整合营销能力

很多企业在全国层面的线上线下整合营销做得很出色，但对区域消费群个性化需求的认识还有很多不足，这就需要企业进行深入的区域性的线上线下的整合营销。

从品牌管理的角度来说，不同区域的消费者对品牌及产品的认知是有一定差异的，所以企业需要认真研究不同区域消费群的特征，并制定有针对性的品牌传播策略，这会给区域性的线上线下整合传播提供更大的提升空间。在销售渠道方面，企业应当在区域市场采用O2O的思路，全面深入地整合区域性的线上线下渠道，形成区域性的品牌传播合力。

当前广告的成本在日益上升，而消费者对于广告的容忍度日益降低，广告的影响力大不如前，这些都是企业品牌营销传播需要面临的重大挑战。另外，媒体环境的快速变化以及发展滞后的媒体投放效果评估体系，都使得媒体投放效果的评估缺乏精准性。

面对重重挑战，企业需要加强与媒体、代理公司的沟通协调，并运用大数据分析，从不同的维度对消费者进行深入研究，从不同层面，不同角度提供更具精准性的品牌营销传播的解决方案。

大数据VS品牌营销：
如何从海量用户中挖掘商业价值？

随着互联网和云技术的发展，商业社会进入了大数据时代，通过深入挖掘数据背后所隐藏的价值，企业可以更准确地了解消费者的需求信息，从而实现精准营销。

关于大数据在营销中产生的作用，很多人其实并不清楚，然而，想要利用大数据优势创造更多的企业价值，就必须搞清楚大数据营销的作用机制。具体来讲，大数据对企业营销的价值主要源于以下几个方面。

用户行为与特征分析

只要有足够多的用户数据，企业就可以从这些数据中分析出用户的行为特征，比如用户的喜好、用户的购买习惯、用户的经济状况等等，而且数据越多，分析出的结果就越精确，甚至能分析出用户自己都没意识到的特点，这也是企业进行大数据营销的出发点，只有对用户的需求、用户的想法有了切实的了解，才能真正实现"一切以客户为中心"的经营理念。

精准营销信息推送支撑

精准营销的概念已经出现了很多年，但是一直作为一个理想的目标而存在，很少有公司能够将其变为现实。因为缺少大数据的支撑，企业对用户特征的了解远远不够，所以营销缺少针对性。进入大数据时代，企业通过大数据的计算和分析能够精确地掌握用户行为特征，开展营销活动时自然拥有了更高的精准度。

引导产品及营销活动投用户所好

企业在生产产品之前，可以通过对潜在用户的大数据运算，分析出他们的特征和喜好，然后按照潜在用户期待的样子设计新品，这样生产出来的产品更容易获得成功。

比如热门美剧《纸牌屋》就在拍摄之前对潜在用户进行了大数据分析，然后选择观众喜欢的导演与演员进行拍摄，播出之后果然引发了收视热潮；再比如电影《小时代》的营销，电影发行方通过对预告片的观看数据进行分析，发现其潜在观众主要是90后的女性观众，后续的营销活动便全部针对这类观众展开，最终取得了不俗的票房成绩。

竞争对手监测与品牌传播

所谓知己知彼，百战不殆，想要成功的企业不仅要了解自己，了解客户，还要及时了解同行业内竞争对手的动态。如何了解呢？对手不会告诉你，但是大数据监测结果里面暗含了竞争对手的信息，同样的，通过大数据分析，企业也可以明确品牌传播的效果。

比如企业可以通过大数据监测，掌握竞争对手的品牌传播态势，或者参考行业标杆制定用户策划，根据用户的喜好策划品牌传播内容，甚至可以评估微博矩阵的运营效果。

品牌危机监测及管理支持

新媒体时代，各种品牌名目繁多，一个品牌可能一夕爆红，也可能一朝覆灭，品牌危机的阴影笼罩着许多企业，然而，大数据的监测和管理，可以让企业提前发现问题，及时跟踪危机传播趋势，识别重要参与人员和负面信息的传播路径，使企业能够抓住源头和关键节点，快速有效地应对危机。

企业重点客户筛选

企业的用户很多，然而不是所有用户都有营销价值，有的用户只是偶尔会购买一次，有的用户会传播产品的口碑，如何才能将有价值的用户区分出来？有了大数据支撑，这也不再是不可能的任务。

比如，企业可以通过用户的浏览记录，分析出用户感兴趣的内容是否与自己的产品有关；从用户在社交网站发布的信息，以及用户与他人的互动中，可以找出千丝万缕的联系，作为企业筛选目标用户的标准。

大数据用于改善用户体验

企业若要进一步改善用户体验，首先要对用户本身以及他们所使用的产品有详细的了解，这样才可能在潜在的问题发生之前对用户做出及时的提醒，从而提升用户体验，有了大数据的支撑，这样的情况完全可以实现。

比如，通过遍布全车的传感器收集车辆运行的信息，一旦发现异常数据，企业就可以分析出可能发生的问题，及时向车主及 4S 店预警，提醒车主对可能出现问题的部件及时检修，避免造成更大的损失。

发现新市场与新趋势

大数据的分析与预测结果，可能隐藏着新市场与新趋势的线索，有助于企业发现新的市场机会。

比如，2008 年，阿里巴巴从大量交易数据中发现了买家询盘数急剧下滑，从中推测到了金融危机的到来，于是及时向中小制造商提供预警信息，很大程度上使众多制造企业避免了更严重的损失。再比如，2012 年美国总统选举，微软就曾使用大数据模型成功推算出了全美各地区的选举结果。

在企业的实际运营中，大数据可以为企业提供许多便利，企业可以依托大数据的支撑，更好的进行品牌营销。

利用数据进行相关联的营销

每个数据的背后，都隐藏着一个用户的信息，所以说对数据的分析，本质上是对用户群体的分析。通过对大数据的分析，企业对用户的了解更加具象和深刻，数据能够从更多的角度、更丰富的维度对用户进行记录和描述。

从这个意义上来说，大数据为企业带来的营销价值，实质上是人脉的价值，是用户与用户之间产生的复杂的人际关系链，通过这些纵横交错的人脉，交易数据跟交互数据最终融合在了一起。

透过数据挖掘用户需求，提供个性化的跨平台营销方案

随着用户生活的互联网化，企业在互联网中的定位也逐渐从单纯的卖家转型为生活服务商，努力实现用户层面的价值体现。进入大数据时代，网络媒体扮演的角色也在发生转变，从过去的内容提供商，逐渐转变为开放生态的主导者。

大数据时代的社会化营销也有了新的玩法，从传统的花样繁多的营销手段，逐渐转变为对用户大数据的计算和分析，充分挖掘用户的喜好和需求，打造更加精准的跨平台营销方案。有了大数据的支撑，企业能够实现精准营销，大幅度提高投资回报率。

有机护肤品牌茱莉蔻就尝到了大数据营销的甜头。根据微博粉丝数据的分析，茱莉蔻将目标客户定位为具有一定购买力的都市女性白领，这类人群追求能够改善肤质的高品质护肤品。了解了客户需求之后，茱莉蔻研发了多款新品，并在微博上进行产品推荐，向目标客户派发试用品小样，用户如果试用效果好，就会购买正装产品，这样，茱莉蔻在大数据支撑下的品牌营销就转化成了购买率。

整合数据为品牌营销服务

大数据能产生巨大的营销价值，然而，大数据也增加了整个品牌营销系统的不确定性。企业所处的营销环境不断变化，企业想要在这样的环境里淘金，就必须主动创新来适应外部环境的变动。

如今，收集数据的黄金时期已经成为过去，企业要想在品牌营销中获取大数据红利，只能在数据整合方面寻找出路。

例如比萨品牌棒约翰的微博运营，就通过数据整合取得了很好的营销成果。棒约翰微博在十周年庆典期间推出了一项抢码活动，用户只要关注了棒约翰的微博账号，就可以每天参加一次抢码，棒约翰对这期间新增的粉丝数据进行了统计和分析，得出粉丝的年龄分布、职业分布、地区分布和爱好等各项信息，然后对这些信息进行整合，将其运用于营销中，带来了很多便利。

【商业案例】
Target、Zara、亚马逊、沃尔玛等零售品牌如何玩转"大数据"？

近些年，"大数据"开始变成一个炙手可热的名词，很多人说话都喜欢加上"大数据"，好像只要加上了这几个字就提升了一个档次一样，尽管其中大多数人并不明白大数据到底是什么。

"大数据"有时候就像是病毒，让一些企业听起来有些惶恐不安，在这种不安的基调之下，他们努力地追赶和顺应趋势，不管不顾地投身到大数据的潮流中，然而这种没有目标、盲人摸象般的跟风最终一定会以失败告终，就像当初团购盛极时，许多企业一窝蜂地涌入团购浪潮中一样。

人们都知道，大数据时代已经到来，但是在大数据时代，企业应该如何玩转大数据呢？不妨让我们来看一下国际知名的零售品牌是怎样运用大数据的：

Target

"大数据"最早大概出现在美国排名第二的零售品牌Target（塔吉特）百货中。孕妇对零售商来说是含金量很高的消费群体，但是孕妇在购买孕期用品的时候通常会选择专门的孕妇商店而不是 Target。在人们的印象中，Target 就是销售清洁用品、袜子、手纸等日常生活用品的品牌，很少有人知道 Target 里面也有孕妇所需要的一切用品。

为了能让更多的人了解和使用 Target 的孕期用品，Target 的市场营销人员便向顾客数据分析部求助，希望能建立一个模型，当孕妇还处在第二个妊娠期的时候就能她他们都确认出来。

如果 Target 能够率先知道哪位顾客在孕期，那么市场营销部门就可以早下手推出专门为她们量身定制的孕妇优惠广告，从而赶在其他零售商之前就将这些宝贵的客户资源收入囊中。

但是怎样才能准确地判断顾客是否怀孕呢？Target 将目光瞄准了公司的迎婴聚会 (baby shower) 的登记表，通过对这些登记表中的顾客消费数据进行研究分析得出了一个非常有用的数据模式。比如一般情况下，很多孕妇在第二个妊娠期会大量地购买大包装的无香味的护手霜，在怀孕的最初 20 周会购买大量的补充钙、镁、锌的保健品。于是 Target 便将其中 25 种典型商品的消费数据作为"怀孕预测指数"，通过对这个指数的分析，判断顾客的怀孕情况，误差率能控制在很小的范围之内。凭借这一点，Target 在其他零售商还没有下手之前就已经将孕妇优惠广告送到了每一位准妈妈手中。

为了不让顾客感觉到自己的隐私被侵犯了，Target 在发送有关孕妇用品优惠广告的同时还会发送一些其他商品的优惠广告。

通过这个大数据模型，Target 还推出了全新的广告营销方案，促进了孕期用品的井喷式增长，Target 的孕期用品也逐渐被更多的消费者熟知。Target 利用大数据分析技术从孕妇这个细分群体，扩展到其他细分群体，使其产品销量得到了很大的提升。

Zara

Zara 是一个著名的服装连锁零售品牌，是为迎合大众口味而设计的品牌，平均每件衣服的价格只有 Lvhm 的四分之一，但是从 Zara 和 Lvhm 的财物年报上来看，Zara 税前毛利率要高于 Lvhm 集团。那么 Zara 又是如何玩转大数据的呢？

1）分析顾客需求

如果你仔细观察，就会发现在 Zara 门店的各个角落里都安装有摄影机，门店经理身上也随身带着 PDA，就是为了能随时记录每一位顾客的意见，比如说顾客对服装图案、扣子形状、拉链的款式等提出的意见。店员会将顾客的这些意见及时向门店经理汇报，由经理将这些意见汇总上传到 Zara 内部全球资讯网络中。每天 Zara 总部的设计人员都会收到来自各个地方的意见，他们根据这些意见做出决策后会把最终的结果传达给生产线，生产线根据具体要求对产品的式样进行改进，满足顾客的需要。

在一天的营业结束之后，门店的销售人员会进行结账以及盘点这一天商品的上下架情况，并对顾客的购买率和退货率进行统计，再结合柜台的现金情况和交易系统做成分析报告，找出当天的热销产品并进行排名，最后将这些数据信息上传到 Zara 的仓储系统。

通过对顾客的意见进行收集和分析，做出准确的生产销售决策，这样可以大大降低商品的存货率。同时利用每一家门店收集的数据，Zara 总部可以分析出最受顾客欢迎的流行款式和颜色，然后在生产中做出相应的调整，尽可能地贴近客户，满足他们的需求。

2）充分利用线上商店的数据

Zara 于 2010 年在六个欧洲国家同时成立了网络商店，使得网络间资料的传递更加便利。2011 年 Zara 还在美国和日本先后推出了网络平台，除了能给 Zara 带来营收之外，线上商店还增强了双向搜索和资料分析的功能。不仅可以为生产端收集顾客的意见，帮助他们精准定位目标市场，实现精准化营销，还可以为消费者提供更丰富和准确的时尚讯息，让消费者能时刻走在时尚的前沿。

此外，线上商店除了能进行交易为 Zara 增加营收外，也被视为产品在正式上市之前的彩排阵地。Zara 会在线上对消费者的意见进行调查，根据他们的反馈调整实际的出货量，这样可以最大限度地降低库存，减少成本压力。

Zara 将线上商店积累的数据资料作为实体门店的前测指标，一般情况下，在网上搜索时尚资讯的网民，比一般的大众更致力于追求时尚和潮流，并且对服饰和潮流的认知更前卫，有了这些数据资料做参考，Zara 就可以实现更精准的营销。而且还有一点值得强调的是，通过网络率先获知 Zara 时尚资讯的消费者，能走进实体门店消费的可能性也比较大。

通过线上收集的客户数据不仅可以为 Zara 的生产端提供重要的参考，同时也可以被应用于 Zara 所属的英德斯（Inditex）集团的各部门，包括行销部、设计部、生产线以及客服中心等。利用这些海量的数据资源，形成各部门的 KPI，最终在 Zara 内部构建成完整的垂直整合轴。

Zara 所推行的海量资料整合，也被广泛应用于英德斯集团的其他品牌，一场没有硝烟的数据大战正式拉开了帷幕。

3）对数据进行快速处理、修正和执行

看到 Zara 在大数据的帮助下获得了长足的发展，许多品牌也纷纷效仿，利用大数据对品牌的生产流程进行改进，但是并没有收到预期的效果。H&M 就是一个典型的例子，它将 Zara 视为自己的榜样，并努力向其看齐，但是最后反而与 Zara 的差距越拉越大。造成这种状况的原因是什么呢？

其实，最主要的原因就在于，大数据的最大作用就是能帮助生产端缩短生产时间，使生产端能在收集的顾客意见的基础上迅速做出反应，而 H&M 内部的管理流程却无法容纳和支持大数据所带来的海量数据信息，做出反应和调整耗费的时间较长。在 ZARA，从产品打版到最后出货只需要两周的时间，而

H&M 却需要三个月。

ZARA 的设计和生产工作有一半在西班牙国内，而 H&M 的产地则分散在亚洲、中南美洲等地，分散的产地之间要实现跨国沟通也需要耗费一定的时间，进一步增加了生产的时间成本。这样一来，即使收集到了客户的反馈意见也无法在第一时间做出改善，限制了大数据功能的发挥。

"大数据"要实现成功运营，必须将资讯系统和决策流程紧密结合起来，使得品牌能在第一时间针对客户的需求做出调整和修正。

亚马逊（Amazon）

在 2012 年之前，亚马逊从来没有大规模地开展过广告业务，而在 2012 年底亚马逊已经开发完成了实时广告交易平台，该平台可以根据用户在亚马逊上的浏览记录和购买习惯对用户进行再定位，从而更精确地找到目标客户群。这一平台的发布直接剑指谷歌和 Facebook。实时广告交易平台也可以成为需求方平台，广告商可以在平台上竞标网站上的闲置广告空间，竞标的标的不仅有广告版位，也有满足特定条件的消费群体。

亚马逊开发的实时广告交易平台可以让广告商在平台上遇到更多的用户，同时也可以帮助用户在平台上找到所需产品的详细信息。亚马逊虽然不是率先创造"需求方平台"的，但是其平台却拥有庞大的数据资料做支撑。

在平台上广告商可以获得的信息主要有两种。一种是根据用户的网络行为进行的分类，比如追求时尚潮流的消费群、钟情于电子产品的消费群、爱好咖啡的消费群等；另一种则是用户在网站上的商品浏览和搜索记录，通过这些搜索记录，广告商可以找到符合特定条件的消费群，然后进行精准信息推送，实现精准营销。

"需求方平台"的推出将有力促进亚马逊营收的迅速增长，甚至有可能成为各项业务中收入最高的业务之一。

沃尔玛（Wal-Mart）

为了提升在电子商务方面的营收，沃尔玛提出了各种能增加数字营收的模式，在经历了多次尝试和失败之后，沃尔玛最终将战略重点放在了社交网站的移动商务领域，通过社交网站收集数据信息，让这些数据信息在沃尔玛的销售决策中发挥作用。沃尔玛的购买清单都是建立在大量资料基础上的。

2011年沃尔玛收购了社群网站Kosmix，这个网站的专长就是分类。通过这个网站，企业可以获得网络上庞大的信息资源，同时Kosmix还可以对网站上的信息资源实现个人化，将具体的采购意见提供给消费者。沃尔玛的"大数据"模式已经开始从最初的发现和挖掘客户需求逐步发展到了创造消费需求的层面上，为商品提供了更多与消费者见面的机会。

关联品牌

关联品牌为本书案例中提到的品牌，亦为本书作者带领团队帮助企业完成品牌战略升级的品牌。

糯米图

糯米图——全球首款植物分子涂料，是广州香海生物科技公司精选糯米粉、玉米淀粉、红薯淀粉等天然植物原料，以高新科技提取植物精华分子，结合世界领先烘焙技术，采用中德技术专利配方精制而成的白色粉末状植物分子涂料，无任何有害化学添加，不含甲醛、VOC 等有害物质，兑水即可任意涂刷，三大核心技术让产品具备三大核心功能：90% 以上甲醛去除率；99.9% 以上负氧离子释放量可达；10000 个 / 立方厘米糯米图，开创植物分子涂料新时代。

企业公众号

派山金融

派山金融致力于成为中国领先的综合性金融服务集团公司，以第三方支付为基础，以互联网理财、云电商、商务、资本等多个子平台为载体，提供全方位的线上线下金融解决方案，让您的商业在全方位的金融服务中实现裂变与财富永恒。

企业公众号

帝洛

帝洛精选是全球原产地精选水果的众销平台，提供高品质、无污染、健康有机、自然成熟的原生态鲜果及衍生产品。致力于搭建从原产地到消费者之间的直供平台，主营中高端水果产品，包括国内外原产地优质鲜果。

企业公众号

衣阁里拉

衣阁里拉曾荣获 2013 年度阿里巴巴女装行业冠军，央视网广告合作伙伴，2014 年度具影响力电商品牌。

企业公众号

天联品牌

椒极

十年经典传承，坚持味美、品质至上、以惠利客的理念，成就了知名火锅"天府惠"。
十年传统沉淀，踏遍火锅发源地，细致深入只为探寻最纯粹的火锅，多方通力，携手刘润泽先生的资深品牌策划团队，凝练传统，辟旧创新，秉承汤浓味浓情更浓，缔造专注浓汤的全新品牌"椒极"自选火锅。

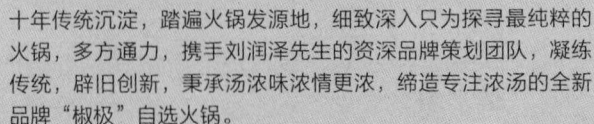

企业公众号

天下乌贼

天下乌贼网络科技有限公司是一家从地派（传统企业）结合天派（移动互联网）转型的新锐企业，我们生产时尚、特殊材质的旅行箱，但本质是以旅行箱为入口，集结全国数千名创意设计师来进行产品DIY定制的一个创意平台。公司总部在浙江义乌，产品生产在义乌，文化创意平台落户义乌跨界电商文创园，公司箱包智能研发中心在上海。"天下乌贼"希望在未来的箱包行业领域颠覆传统箱包行业。

企业公众号

51易货

51易货是一家应时代而生的以物易物综合性服务平台，为中国广大企业主提供高效速配的易货服务。顺应国家现行大势，解决经济周期下行阶段困扰大中小企业的库存积压、产能过剩和销售下降等问题。我们将以全新模式为客户带来全方位的服务，致力于打造全新的专业易货交易模式，立志成为中国最大的易货及采购平台。

企业公众号

微人脉

本书在写作过程中，通过面谈、微信、电话采访等方式广泛征询了粉丝的意见，并形成了与粉丝协同互动的模式，由此形成了微人脉，欢迎大家互粉交流。

李忠华

"玛咖哥"，出生于云南边疆保山的书香之家。用近二十年的思考和实践，探索出一条"平衡健康"之路。他认为人类绝大多数疾病源于不良的生活习惯、饮食习惯以及工作压力等导致的身体失衡，因此，要恢复健康，就要从这些方面着手，重建平衡的生活方式，以达到真正的健康养生。

个人微信号

微人脉

沈柏锋
三度集团董事长

三度集团，致力于打造中国企业创新经营立体孵化平台，推动中国民企转型升级，为企业提供管、销、融、投四大核心服务！
管：实效商学院管理系统销；全国线上线下营销招商渠道融；搭建企业项目融资平台投；好项目投资平台。

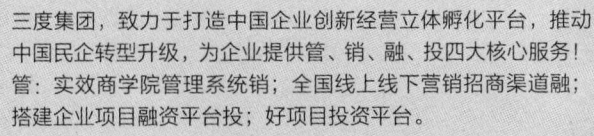

个人微信号

周佩骏 RexZhou
逆向思维品牌咨询机构联合创始人
首席视觉战略顾问

专注视觉战略领域 15 年，是业内少数把握国际化企业视觉运作规律的稀缺型视觉战略专家，崇尚"创意为上，细节见真功"的设计理念。

个人微信号

李毓淞
中国百强设计师、国内注册高级室内建筑师
上海赫筑空间设计事务所主创设计总监（创始人）

2009 年 受邀参加"桂园杯"设计竞赛并获"空间表现一等奖"；
2011 年 中国（上海）国际建筑室内设计节"最佳餐饮会所设计奖"；
2012 年 第八届中国建筑装饰设博会"中国室内设计百强人物"；
2013 年 加盟香港智和集团并担任首席设计官；
2014 年 设计全面开展"舌尖上的空间智慧"。

个人微信号

张明
非对称战略精研社联合创始人

非对称战略精研社是中国首家专注于战略的学习型组织，带领行业的新进入者及成长型企业进行战略创新。从传播布道至落地做到。
自 2009 年起 12000 多位企业家走进非对称战略精研社学习，直接帮助 1000 余家企业量身设计并落地其战略定位、商业模式。

个人微信号

微人脉

陈继芳

涵宇创始人
电商花名：小丫

出生于 1980 年，新义乌人，3000 元创业起步，2010 年创办义乌市涵宇网络科技有限公司。先后获得省内电子商务十佳创业女性、10 大杰出电商企业、创业领军人才等荣誉称号。
　　涵宇专注于本土产业集群电商化平台资源整合。把义乌优势制造业的针织生产资源开发整合，同时打通国内、国际设计师买手资源、品牌端资源，形成合力，通过涵宇多年建立的电商渠道销售，形成产业一体化，推动地方产业发展。

个人微信号

赵一夫 Yif Zhao

"有涂"互联网 + 生态涂料创始人
广州绿素新材料科技有限公司 CEO

2012 年毕业于美国爱荷华州立大学，回国后以硅谷思维打造中国墙面涂料品牌"有涂"。
"有涂"硅藻涂料品牌将以 M2C 模式向传统建材品牌发出挑战。

个人微信号

张西印

燕之恋燕窝创始人
连续创业者

全产业链运作，采用 F2C 的商业模式，不到 3 个月的时间就将毛利做到每天 3 万。砍掉所有中间环节，砍掉所有豪华包装，广告预算为 0，只为让客户花最少的钱买到最高品质的燕窝。

个人微信号

廖炯

2026 互联网温控创始人

2026 互联网温控，自 2014 年 5 月在北京首发后，作为互联网温控品类开创者，深受暖通行业人士和众多媒体的关注，先后被湖南卫视、CCTV2 等媒体报道；并在 2015 年的地暖十周年活动中荣获"科技创新金星奖"。

个人微信号

微人脉

冯那

卡普缇联合创始人

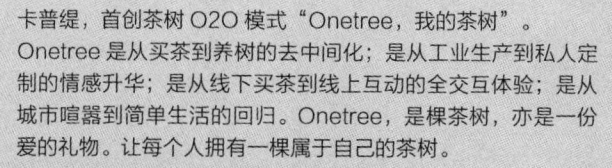

卡普缇，首创茶树 O2O 模式"Onetree，我的茶树"。Onetree 是从买茶到养树的去中间化；是从工业生产到私人定制的情感升华；是从线下买茶到线上互动的全交互体验；是从城市喧嚣到简单生活的回归。Onetree，是棵茶树，亦是一份爱的礼物。让每个人拥有一棵属于自己的茶树。

个人微信号

梅建军

"吾黑"五黑鸡品牌创始人

五黑鸡起源于江西省南城县浔溪乡，具有黑冠、黑羽、黑皮、黑肉、黑骨的"五黑"特征。脂肪少、胆固醇极低、黑色素高。生态放养，汤鲜肉美，是滋补、养生、调理的极佳食材。

个人微信号

张原

七念健康集团董事长

"不忘初心，方得始终。"从近 10 年经验的咨询集团合伙人，华丽转型移动"互联网+"社交营销创业者，追随初心回归健康膳食，创立"膳念"健康食品品牌，奉行"日行一善，日食一膳"。

个人微信号

王旭卿

埃杰服饰创始人

杭州埃杰服饰有限公司 2008 年成立，专业打造中国精英企业家及团队时尚着装。
公司以产品设计、开发、解决客户整体搭配方案为核心；公司的研发利用香港、东京、首尔、巴黎、米兰等时尚流行资讯，快速捕捉到流行元素，并将其与企业家及团队整体形象定制融于一体，向追求品位与时尚的精英企业家及团队，提供着装整体设计、搭配的私人顾问。

个人微信号

微人脉

黄仲斌

中山市元一沉香产业投资有限公司董事长
政协中山市委员会常委
中国农工民主党中山市委会副主委
中国野生植物保护协会沉香保育委员会副主任
中山市火炬区工商联（商会）副主席
中山市国学促进会副会长

个人微信号

黄仲斌经商近三十年，现主营沉香、建筑、环保、医药等领域。近年来，为促进地区经济、文化产业转型和升级，积极打造全国沉香产业第一品牌——元一沉香。

胡晋源

深圳尚亿源投资管理有限公司创始人
中国注册会计师
国家一级理财规划师

个人微信号

专业 iPO 辅导 12 年，专业特长：证券法、公司法、税法、会计法、公司债券、股票发行、重组并购等相关。

闫晗

上海师诺文化传播有限公司总经理
郑州航宇教育集团董事
全国工会学院师资品鉴会评委导师
常州弈米互动、无锡绿巨人网络科技战略顾问

个人微信号

旗下品牌"良师优选"是国内领先的内训师资品牌。从事培训行业 8 年，跟随李嘉诚合作伙伴李践老师。

高剑锋

博盖咨询董事总经理
中略迈朴资本创始合伙人
资深企业管理和创投服务专家

个人微信号

央视财经频道、《中国经营报》《中欧商业评论》《FT 英国金融时报》等媒体特约撰稿人、评论员。长期担任多家跨国企业、上市公司战略与管理顾问。
著有《推动成长》《变革的力量——危机时代的企业发展之道》。

微人脉

周峰

资深制作人

曾就职于北京电影学院，目前主要工作、生活在上海。

在上海、北京、广州拥有丰富的广告 TVC、电影、网络栏目及 PGC 创制经验，用领先的国际视野及网络思维服务、管理各大企业的网络视频形象宣传。并开展网络电影、网络视频节目、网络电视剧等的投资创制。

个人微信号

葛金鑫

北京大学 EMBA，曾任清华大学网络营销总裁培训班讲师。

2007 年 7 月创办北京七条龙国际贸易有限公司、北京七条龙网络营销学院。

2012 年 8 月教育部 ITAT-PRO 高级网络营销工程师总策划人，担任网络营销专业带头人。

2013 年定位网络营销内训第一人，为企业一对一解决网络营销难题，提高企业网上竞争力！

个人微信号

付庭俪

致远高尔夫创始人

致远高尔夫是提供上门教学的平台，专业、贴心、因材施教，助您创造美好高球生活！

个人微信号

张晨曦

亲亲网创始人

2009 年正式策划并创建亲亲网。亲亲网是以化妆品、母婴、女性时尚消费品为主导的垂直化电子商务平台，多年来一直秉承"百分百正品"以及"无条件退货"的优质服务，在垂直化电子商务领域取得了巨大成就。

个人微信号